The Politics of Erotic Cinema
History of Film, Sex and Women

야한
영화의
정치학

The Politics of Erotic Cinema
History of Film, Sex and Women

야한 영화의 정치학

1910년대부터 2010년대까지
영화로 보는 성의 현대사

● 김효정 지음

카모마일북스

| 책을 내며 |

영화사에서 에로티시즘은
어떻게 재현되어 왔는가?

초등학교 몇 학년 때였던가. 기억도 나지 않는 까마득한 그 시절 어느 날, 아버지는 어디서 구했는지 중고 비디오 플레이어를 너덜너덜한 쇼핑백에 담아 들고 들어오셨다. 그날 이후로 아버지는 매일 밤 영화를 보기 시작했는데, 그것이 궁금하고 부러워 몇 차례 잠입을 시도했지만 아버지는 절대 자기만의 의식에 끼워주지 않으셨다.

그 후로 아버지가 나가기만을 기다렸다가 혼자 남으면 조심스레 비디오 데크에 영화들을 꽂아 넣었다. 당시 아버지가 공수해온 비디오는 주로 〈인디애나 존스〉〈플래툰〉 등의 선량한(?) 할리우드 영화들이었지만 간간히 시뻘건 궁서체로 붙어있던 〈티켓〉이나 〈애마부인〉과 같은 한국 에로영화도 있었다. 그렇게 아버지도 모르는 새에 집으로 유입되는 모든 영화들을 보았고 어느 순간부터는 영화 없이 하루를 넘기기 힘든 정키junkie: 중독자가 되었다. 낮에는 극장을 쏘다니고 아버지가 늦는 밤에는 빌려다 둔 비디오 영화들로 삶을 연명하는 것이 필자의 일상이었다.

대학 진학은 집안의 반대로 영화과가 아닌 다른 과에 진학했지만 버텨내지 못했고 원하던 미국으로의 유학도 아버지의 동의를 얻지 못했다. 결국 큰아버지와 외할아버지의 도움을 받아 미국으로 야반도주 하는데 성공했고 교환학생으로 편입해 인디애나대학교의 '커뮤니케이션과 문화' 학과에서 영화학을 중점 트랙으로 영화공부를 시작했다. 어쩌다 집에 굴러들어온 비디오 플레이어가 결국 인생을 바꾼 셈이다.

이후 석사와 박사를 거쳐 현재까지 17년 넘게 영화를 연구해오고 있다. 알리스 기 블라쉐Alice Guy-Blaché 와 로이스 웨버Lois Weber를 포함한 초기 여성영화 감독들의 작품들부터 2000년대 초를 지배했던 동아시아 호러영화들까지 다양한 분야에 걸쳐 연구논문을 내고 글을 썼지만 결국 박사논문으로 선택한, 그리고 졸업 이후 필자의 연구적 정체성을 확립해준, 주제는 영화와 검열이었다. 이는 엄연히 영화법의 제정 하에 영화검열법을 시행했던 한국을 포함해 정확히 '검열법'이라는 제도를 가지고 있지 않지만 자진검열self-censorship이라는 시스템으로 산업 내에서 영화제작코드를 만들어 엄수하게 했던 헐리우드나 자진검열단체, '에린ぇいりん;映倫'을 통해 영화를 규제했던 일본의 경우도 포함된다.

검열연구라 하지만 개인적으로는 검열로 인해 특히 박해받았던 영화 혹은 장르들, 예를 들어 '에로영화'의 범주에서 (그 분류가 정당하지 않더라도) 성적 재현 혹은 담론을 규제하는 다양한 기제가 연구적 관심사였다. 예를 들어, 헐리우드의 프리코드 영화들pre-code movies[1]이 대중의

---

1 프리코드 영화란 영화의 검열의 법제화를 피하기 위해 고안되었던 헐리우드의 자진제작코드 (Hollywood production code)가 강요되기 전, 1920년대 후반에서 1930년대 초반까지 성횡했던 영화들을 말한다. 제작코드의 출현 전이기 때문에 이 영화들에서는 주로 섹스와 폭력 등 제작코드에서 금기시 하는 선정적인 소재와 시각적 재현이 두드러진다.

성적 욕망을 어떻게 그려냈는지, 제작코드 제정 이후의 성 재현은 어떻게 교묘하게 진화하는지, 이 과정에서 영화인들이 아닌 종교 단체가 헐리우드에 얼마나 많은 권력을 행사하는지[2], 한국의 경우 1960~1970년대 독재정권 하의 혹독한 영화검열 시스템에서 영화들은 금기를 그려내기 위해 어떤 선택을 하는지 등의 이슈들이 필자의 박사논문을 포함해 현재까지 진행되고 있는 연구주제들이다. 학자적 혹은 영화평론가로서의 취향도 박사논문과 함께 배태되었다고 해도 과언이 아닐 것이다. 특히 영화역사에서 시대별로 에로티시즘이 재현되고 억압되는 양상과 기제에 주목한다. 이는 단순히 혁명가적인 정신으로 통제의 역사를 영화의 관점에서 피력하고자 하는 것은 아니다. 그런 관점을 서술한 연구서와 인문서는 충분히 많이 나와있다. 개인적으로 더 조명하고자 하는 점은 어떻게 통제가 생산의 기제로 작동하는가다. 연구자로서

---

[2] 카톨릭 영화 심의 위원회: 'The National Legion of Decency' 혹은 'Catholic Legion of Decency'로 불리기도 했다. 미국 전역의 각종 카톨릭 단체들은 미국사회에서 영화가 대중적으로 자리를 잡기 시작하는 1920년대부터 영화의 잠재적인 위험성에 대해서 우려를 표현하고 때로는 강한 보이콧으로 영화산업에도 세력을 행사하기 시작했다. 1933년에 생긴 카톨릭 영화 심의 위원회는 헐리우드의 제작코드가 생긴 이후부터 1968년 등급제로 교체되기 전까지 제작된 모든 영화에 대한 검열 과정에 참여했던, 검열에 있어서는 최고 권력을 행사하던 기관이었다. 따라서 카톨릭 교리에 기반한 성 윤리와 종교 윤리가 영화검열에서 중추적인 기준이 되었다. 헐리우드 검열사에 관한 자세한 서술은 토마스 도허티의 저서를 참고. Thomas Doherty, 《Hollywood's Censor: Joseph I. Breen and the Production Code Administration》(New York: Columbia University Press, 2007).

이러한 관점은 레아 제이콥스를 포함한 몇몇 학자들[3]의 선행연구와 맥을 함께 한다. 전후 일본의 예술검열을 연구했던 커스틴 캐서가 언급했듯, 검열이란 "금지를 전제로 법과 문화가 충돌하는 마찰의 순간이기도 하지만 동시에 그로 인해 무언가 만들어지는 생산의 순간"이기도 하다.[4] 성기 노출을 철저히 금지했던 조항을 피하기 위해 일본의 로망 포르노 감독들이 고안했던 갖가지 기하학적인 미장센과 이로 인해 역설적으로 이들이 얻게 된 미학적인 레거시도 앞의 주장을 밝혀줄 만한 예가 되지 않을까 생각된다.

이 책에서 다루고 있는 '야한 영화' 혹은 에로틱 하위 장르들은 당대의 지배 담론과의 충돌 혹은 대항으로 잉태된 문화적 산물임과 동시에 억압이 생산의 근거로 기능했음을 예시하는 사료이기도 하다. 이를테면 영화 속 섹스는 때로는 저항과 혁명의 기제로, 자유의 암시로, 그리고 삶과 죽음의 메타포로 쓰이며 성적 엑스타시의 재현 수단을 초월하

---

[3] Lee Grieveson, 《Policing Cinema: Movies and Censorship in Early-Twentieth-Century America》 (Berkeley: University of California Press, 2004). Lea Jacobs, 《The Wages of Sin: Censorship and the Fallen Woman Film, 1928-1942.》(Madison: The University of Wisconsin Press, 1991); Annett Kuhn, 《Cinema, Censorship and Sexuality, 1909-1925》(Cinema and Society) (New York: Rudtledge, 1988)

[4] 원문참조: "What I have found is that although we may conceive abstractly of censorship as being a moment of the collision between law and culture that prohibits something, instead, it can equally be a moment of collusion that produces something." 《The Art of Censorship in Postwar Japan》 (University of Hawai'i Press, 2012), 4쪽. (저자 직접 번/의역)

는 기능을 하는 것이다.
 이런 맥락에서 이 책이 다루고 있는 영화는 일종의 성 현대사의 흐름을 조명하는 지표로 읽을 수 있는 작품들 혹은 영화적 경향을 설명한다.

 1장에서는 1910년대의 초기 무성영화부터 1950년대 이전의 고전영화들, 특히 무성영화들이 성적 금기를 시각적, 내러티브적으로 암시하고 재현한 사례를 분석한다.
 2장에서는 1960년대 뉴 아메리칸 시네마의 기수인 마이크 니콜스와 존 슐레진저, 한국영화의 황금기를 빛낸 리얼리스트 김수용, 서스펜스의 거장 알프레드 히치콕 등 영화사의 중추를 차지하는 예술가들의 작품을 통해 이들이 어떻게 사회문화적 언어로서 성을 위치시키고 영화적으로 전달하는지 살펴볼 것이다.
 가장 많은 영화들이 속해 있는 3장은 격변의 혁명기를 거치고 난 이후 제작된 영화들을 통해 각기 다른 문화권 안에서 여전히 자행되고 있던 억압, 혹은 해방이 성을 통해 대조되는 양상을 보여준다.
 4장은 1980년대에 성행했던 미국 슬래셔 영화에서 성, 특히 여성의 성이 그려지는 경향과 한국 에로영화 전성기의 작품들 속 성 재현을 분석함으로써 여성의 성이 대중문화 안에서 본격적으로 소비화되는 경향을 살펴볼 수 있을것이다.

5장에서 다루는 1990년대에서는 좀 더 다각적인 시각에서 조명된 에로티시즘의 영화적 사례들을 든다. 여성감독의 시각에서 여성의 욕망을 다루는 〈피아노〉를 포함하여 〈북회귀선〉, 〈발몽〉과 〈브람 스토커의 드라큘라〉 같은 영화들은 금기를 다루었던 고전문학이 현대의 영상작가들을 통해 어떻게 재탄생했는지 보여준다.

마지막 장이자 2000년대 이후를 다루는 6장에서는 스탠리 큐브릭에서부터 베르나르도 베르톨루치까지 영화로 혁명을 일궈냈던 감독들의 작품들을 모았다. 이들의 영화적 에로티시즘은 선정적이고 선동적이다. 그들이 만들어낸 '야한 이미지'들은 일상의 철학과 가치의 전복이 충돌하며 만들어진 유의미한 파편이다. 이들의 작품들이 때로는 '문제작'으로 때로는 탈관습을 유도한 문화적인 텍스트로 끊임없이 회자되는 것은 영화적 소임을 넘어 담론의 생산장으로서 기능했기 때문일 것이다.

이 책에 선정된 영화들의 대부분은 〈오마이뉴스〉에 연재했던 '야한 영화의 정치학'과 2019년 2월 시점으로 연재 중인 〈문화일보〉의 '에로틱 시네마'에 실렸던 것으로, 기사의 내용을 책의 취지에 맞게 수정하고 보완했다. 3장에 등장하는 "1970년대 호스티스 영화 속 '벗은 처녀들'"은 〈플레이보이〉지 2018년 1월호에 기고했던 글을 다듬은 것이고 3장에 수록된 "〈묘녀〉, 통제와 전복이 만나다"는 문학과 영상학회 2018년 가을호에 실렸던 논문, "공포와 에로티시즘의 만남: 1970년대 군사정권기 영화통제정책과 에로틱공포영화"를 수정한 글이다.

6장의 "〈피의 연대기〉, 피로 연대하는 여성들의 유쾌한 투쟁"은 영상자료원 KMDB에 수록되었던 영화글을 재인용한 것이다.

아무쪼록 이 책을 읽은 독자들이 이 영화들에게 씌워진 '야한 영화'라는 낙인 너머의 의미 있는 '신음'을 들어주었으면 하는 바람이다.

2019년 11월, 저자 김효정(Molly Kim)

목차

책을 내며
영화사에서 에로티시즘은 어떻게 재현되어 왔는가 • 005

 제1장
1910년대~1950년대
: 무성이자 무성으로 살 수밖에 없었던 비주류의 재현

여성 성 윤리에 대한 도전 • 019
유희적 음란함의 장인, 알프레드 히치콕 • 025
극영화 최초의 오르가즘 재현 • 030
검열의 탄압을 받았던 세기의 가슴 • 035

 제2장
1960년대
: 끊임없이 가치 전복에 도전하는 작품들

전쟁의 비극을 욕망의 촌극으로 • 043
'머니 샷'의 예술적 승화 • 047
구 세대의 종말 • 051
격변의 시대를 스친 서글픈 사랑 • 054
촉감의 에로티시즘, 야스조 마스무라의 재패니즈 뉴웨이브 • 059

제3장
1970년대
: 성, 규제와 저항의 담론이 되다

'소돔과 고모라'의 소녀 버전 • 067
광기와 욕망의 랩소디 • 072
디스토피아적 에로티시즘 • 077
국군주의의 광기가 섹스의 제국으로 • 081
호스티스 영화 속 '벗은 처녀들' • 084
근대화 프로젝트 성 모럴 그리고 여성 • 089
통제와 전복이 만나다 • 096
김기영식式 성인용 국책영화 • 103
호스티스 영화 포스터의 성적 코드 그리고 여성의 희생 담론 • 107

제4장
1980년대
: 여성 소비주의 시대에서의 관습화와 상업화

한국 공포영화의 처녀귀신과 미국 공포영화의 연쇄살인범으로 보는
'부재'에 관한 통찰 • 117
'창녀 리얼리즘'의 암울한 신화 • 123
성애 영화의 신호탄, 말을 탄 부인 극장가를 누비다 • 128
관습을 벗어난 여성의 느와르적 처단 • 134
성性역을 벗어난 성城역 전쟁 • 138
자본주의적 임포텐스 • 142
Live Fast, Die Young • 146
섹스를 삶의 징후로, 죽음을 영속의 매개로 • 150
풍자소설《위험한 관계》가 그리는 부패의 에로티시즘 • 154

제5장
1990년대
: 전복의 예술로서의 에로티시즘

성을 통한 문학적 반기 • 163
R과 J는 오늘도 경마장이 아닌 여관으로 간다 • 167
빅토리아 시대의 성모럴이 흡혈로 은유되다 • 171
여성이 그리는 여성의 욕망 • 175
비디오 시대의 새로운 스타 '킴 베이싱어' • 179
스웨디시 뉴 웨이브의 기수, 보 비더버그 감독의 우화적 에로티시즘 • 182
과장의 미학 그리고 38 DD의 여전사 • 188
가부장 신화의 몰락 • 192
1980년대 포르노 황금기에 대한 유쾌한 조소 • 196

제6장
2000년대 이후
: 혁명으로서의 섹스 그리고 에로티시즘

지리멸렬한 생활은 끊임없이 발견된다 • 203
목숨을 건 정사 • 207
거장의 마지막 신음 • 210
섹스의 혁명, 혁명의 섹스 • 214
욕망으로 영생을 얻다 • 218
욕망의 귀환 • 221
〈안티 포르노〉가 그리는 초현실주의적 페미니즘 • 226
피로 연대하는 여성들의 유쾌한 투쟁 • 232

에필로그
때로는 조롱과 욕망의 대상으로, 때로는 혁명과 진보의 전신으로 • 236

참고문헌 • 239
찾아보기 • 241
책에 나오는 영화리스트 • 242

제1장 ●

1910-1950년대
무성無聲이자 무성無性으로 살 수밖에 없었던 비주류의 재현

무성영화가 스토리텔링에 있어서 제한적이었을 것이라고 여기는 것은 기술적인 관점에 편중한 오해일지도 모른다는 생각이 든다. 무성영화는 그림자, 물체, 캐릭터의 배치와 시선 처리 등 시각으로 인지할 수 있는 모든 요소를 사용해 이야기와 주제를 전달하는데 가히 부족함이 없었던 것으로 보인다. 이는 금기를 다루는 데에 있어서 더 유용하게 쓰이기도 한다. 이미지는 철저히 금기시되었던 여성의 성과 동성애에 이르기까지 알지만 말로 할 수 없는 것들, 즉 침묵이 강요된 이슈들에 입과 목소리가 되어 주었다. 이는 유성영화가 성행하게 되면서도 마찬가지다. 여전히 마이너리티들은 목소리를 낼 수 없었지만 영화는 암암리에 그리고 공공연히 이들의 욕망을, 외침을 그려주었다. 본 장에 담긴 세 편의 무성영화와 한 편의 (초기) 유성영화는 에로티시즘을 통해 무성無聲이자 무성無性으로 살 수밖에 없었던 비주류의 재현을 조명함으로써 사회적 전복을 꾀한 예다.

첫 번째 영화: <내 아이들은 어디 있는가?>(1916)

여성 성 윤리에 대한 도전

1910년대의 미국은 급변하는 사회로 불안과 긴장이 고조되고 있었다. 대외적으로는 제1차 세계대전 후 대규모의 이민자들이 유입되었다. 국내적 변화로는 여성이 참정권을 얻게 되면서 기존의 노동집약적 직업에서 화이트칼라 직업을 가진 여성들이 늘어났다. 여성들의 직업군 변화는 결과적으로 그들의 소비력과 사회참여를 증강시켰다. 여성들의 사회적 지위가 다소 향상되면서 피임 지지운동이 시작되기도 했다. 이 시기의 피임 지지운동은 페미니즘 역사 있어서 매우 중요한 사건이다. 피임을 전면적으로 금지했던 기독교적 윤리와 남성 중심적 규제에 항의하고 여성의 (아이를 낳지 않을) 권리를 확장하고자 했던 상징적인 운동이었다.

이 운동의 창시자인 간호사 출신의 급진적 페미니스트, 마가렛 생어는 〈여성 반항자The Women Rebel〉라는 잡지[1]를 출간함으로써 산아제한 운동을 적극적으로 홍보했다. 마가렛 생어의 행보는 피임을 불법화했던 컴스탁 법Comstock Law에 의해 범법 행위였고 1915년에 이를 처벌하기 위한 재판이 열렸다. 아이러니하게도 이 재판을 통해 마가렛 생어는 폭넓은 명성과 지지를 얻게 되었다.

마가렛 생어의 투쟁은 나라 전역으로 퍼져나갔고 많은 페미니스트들과 사회개혁자들에게 영감을 주었다. 그중 한 명은 헐리우드의 최초의 여성감독 중 한 명으로 촉망받던 로이스 웨버다. 그녀는 당시 헐리우드를 통틀어 가장 성공적인 감독 중 한 명이었는데, 그리피스D.W. Griffith나 드 밀Cecil De Mille과 함께 초기 미국영화사에서 가장 중요한 인물로 1917년 기준, 유니버설 스튜디오에서 가장 몸값이 비싼 감독으로 기록된다. 또한 영화 제작 과정에 있어서 배우와 스토리 주제 선택, 대본 집필 등 전권을 행사하는 당시로서는 어마어마한 권력을 가진 감독이기도 했다. 로이스 웨버는 사회의 문제적 이슈들에 관심이 많았고 사형제도, 가난, 여성노동인권 등의 무게 있는 사회문제들에 대한 영화들을 만들었다. 로이스 웨버는 "사회적 진보가 영화를 통해서 이루어질 수 있고 그것이 영화의 참된 의무이기도 하다"고 믿었다.

그러한 그녀가 동시대에서 가장 큰 화두 중 하나였던 마가렛 생어의 피임 합법투쟁에 관심을 가지게 된 것은 필연적이었을 것이다. 로이스 웨버는 마가렛 생어 사건을 기반으로 1916년 〈내 아이들은 어디 있

---

[1] 〈여성 반항자(The Women Rebel)〉는 1914년 마가렛 생어가 발행한 월간지이다. 마가렛 생어가 출판 및 편집을 맡은 이 잡지는 일하는 여성들의 여러가지 이슈들, 특히 피임을 선택할 권리에 대해 교육하고 알리는 것을 목적으로 했다.

출처 IMDB/ United Artists

〈내 아이들은 어디 있는가?〉는 행복한 결혼생활을 하고 있지만 아이가 없는 왈튼 부부를 중심으로 스토리가 전개된다. 영화의 마지막 장면은 영구히 아이를 가질 수 없게 된 부부가 절망하고 왈튼 부인이 이에 자기비난이 섞인 절규를 하며 끝을 맺는다.

는가?Where Are My Children?〉와 다음 해, 〈요람을 흔드는 손The Hand that Rocks the Cradle〉이라는 낙태에 관한 영화 두 편을 연달아 제작한다. 그 중 첫 번째 작품인 〈내 아이들은 어디 있는가?〉는 엄청난 상업적 성공을 거두었고 그 이후 낙태를 다루는 많은 영화들을 양산하게 했다. 이러한 영화들은 이른바 '낙태 장르abortion films'로까지 자리 잡게 된다.

앞서 언급했듯 〈내 아이들은 어디 있는가?〉는 이 작품들 중 가장 큰 상업적 성공을 거두었던 작품이다. 당시 금기시되었던 낙태와 피임, 혼전 관계 등을 전면에 다루었고, 당시 검열기관 중 가장 큰 권력을 행사하고 있었던 뉴욕영화검열위원회New York Board of Film Censorship와 정면으로 충돌했다. 피임과 낙태를 영화적 주제로 사용하고 있는 이 영화가 기독교 단체들이 모여 만들어진 검열위원회의 제재를 벗어날 리 없었다. 그러나 검열단체와의 마찰로 펜실베니아를 포함한 몇 개의 주에서 상영금지를 당했음에도 불구하고 뉴욕과 애틀랜틱 시티 같은 메이저 도시들에서 만석을 기록하며 승승장구 했다. 또한 이 영화가 헐리우드의 몇 안 되던 여성감독이 만들었다는 점과 여성운동가, 마가렛 생어의 피임 지지운동 투쟁에 영감을 얻어 만들어졌다는 점으로 영화 외적으로도 큰 이슈가 되었다.

〈내 아이들은 어디 있는가?〉는 행복한 결혼생활을 하고 있지만 아이가 없는 왈튼 부부를 중심으로 스토리가 전개된다. 특히 미스터 왈튼은 지역 검사로서 불법으로 낙태를 시술하던 닥터 말핏Dr. Malfit의 사건을 조사 중이다. 한편 왈튼 부인은 남편이 아이를 원하는 것을 알고 있지만, 그녀는 자유를 침해받고 싶지 않아서 몰래 피임을 해오고 있다. 그녀는 낙태 수술도 몇 차례 받은 상태이고 피임의 '정당성'에 대해서 늘 주변인들에게 설파하는 인물이기도 하다. 결정적으로 왈튼 부인 하녀의 딸이 그녀집에 놀러 온 망나니 남동생과의 애정행각으로 임신하게 되자 낙태를 하게끔 선도한다. 그러나 이 수술로 하녀의 딸은 죽음을 맞게 된다. 왈튼 부인의 피임과 그녀 주변인들의 낙태 사실은 곧 미스터 왈튼에게 발각되고 과거에 받은 시술로 인해 왈튼 부인은 영구 불임이 된다. 동시에 재판을 받고 있던 말핏 박사 역시 배심원들에 의해 유죄선고를 받는다. 영화의 마지막 장면은 영구히 아이를 가질 수 없게 된 부부가 절망하고 왈튼 부인이 이에 자기비난이 섞인 절규를 하며 끝을 맺는다.

영화는 표면적으로 진보적인 주제를 다루고는 있으나 캐릭터의 설정과 이야기의 결말은 진보적인 방향과 거리가 멀다. 낙태를 받은 여성은 죽음으로 죗값을 치르고, 공모했던 여성은 영구불임이 된다. 더 큰 문제는 이 영화가 낙태를 정당화하는 기제로, 노동계급의 출산은 막고 상류층의 출산은 장려하는 우생학적인 접근을 택하고 있다는 사실이다.

특히 이를 지지하는 두 주요 인물, 즉 법정에 선 말핏 박사와 왈튼 부인은 하류층의 임신을 저지함으로써 피임의 정당성을 증명한다. 가령 오프닝 시퀀스의 법정씬에서 닥터 말핏은 본인이 갔던 왕진을 근거로 자기 변론을 시작한다. 그의 플래시백에서 가난한 오두막에서 한 커플과 그들의 세 아이가 등장한다. 커플은 서로를 밀쳐내며 싸우고 있으며 우는 아이들이 낡은 집구석에서 쪼그리고 앉아있다. 이들의 집을 방문한 의사는 이들이 임신을 한 것을 알게 되고, 더 많은 아이를 감당할 수 없는 이들에게 피임을 권고한다. 또한 왈튼 부인의 경우, 하녀의 딸과 자신의 남동생 사이에 생긴 아이를 낙태하게끔 적극적으로 유도한다. 다시 말해, 영화 안에서 낙태의 정당성을 주장하는 이들은 모두 하층계급의 출산을 저지하는 인물인 것이다.

영화는 절망적인 하층계급의 '나쁜 예'만 제시하는 것에 그치지 않고 '이상적인 예', 즉 '성공적인 출산의 예'를 병치하며 우생학적인 담론을 설파한다. 이는 상류층에서 자란 미스터 왈튼의 동생 부부로서, 휴일을 맞아 왈튼을 방문한 동생 커플은 화려한 옷과 신발을 차려 입은 모습으로 그들의 어린 아이들과 등장한다. 이들은 왈튼의 부러움을 한눈에 받으며 모범적인 커플의 출산의 전형을 보여준다. 따라서 우생학적으로 열등한 하류층 커플의 출산은 저지되고, 우수한 커플의 출산은 장려되어야 한다는 우생학 담론의 기본 골자를 그대로 답습한 것이다.

이미 100년 전에 여성의 피임권리를 주장하는 영화가 만들어졌다는 것은 놀라운 일이다. 그러나 그들의 목소리가 당시 백인 남성 권력층 사이에서 주장되던 '우생학'에 편승하여 전달돼야만 했다는 사실은 충격적이고 가슴 아픈 일이 아닐 수 없다. 그럼에도 불구하고 로이스 웨버의 영화개봉과 함께 뉴스와 잡지 등의 대중매체에서 전례에 없던 피임과 여성의 권리에 대한 관심이 쏟아지고 논박이 일어났다는 것은 매우 유의미한 기여가 아닐 수 없다. 이후 여성의 피임권은 영화의 개봉 이후 44년이 흘러, 1960년 FDA가 최초로 피임약을 승인하면서 이루어졌고 승리를 목도한 마가렛 생어는 1년 후 투쟁의 삶을 마감했다.

두 번째 영화 : <다운힐>(1927)

유희적 음란함의 장인
알프레드 히치콕

'Obscenity'를 한국어로 해석하면 '음란'에 가까울 것이다. 알프레드 히치콕의 영화들을 접한 독자들은 왜 히치콕의 서스펜스가 가득한 심오한 작품들에 '음란함'이라는 콘셉트를 갖다 붙이는지 이해하지 못할지도 모른다. 그러나 알프레드 히치콕의 영화적 세계에서 성적 욕망 혹은 인간의 근원적 음란함은 언제나 어떤 형태로든 존재했다. 알프레드 히치콕은 영화적 이미지와 장치들을 통해 우스꽝스러울 정도로 보수적이었던 후기 빅토리아 시대의 '음란'한 것으로 금기시되었던 가치들을 그려내고 신랄하게 비판했다. 특히 히치콕이 미국으로 이주하기 전 영국에서 만들었던 초기 작품들에서는 그 당시 터부시되었던 매춘이나 간음, 근친상간, 동성애의 주제들이 암시나 메타포를 통해 등장한다.

알프레드 히치콕의 1927년 작품 〈다운힐〉 영화 포스터이다.

출처 IMDB

이 영화에서 흥미로운 것은 캐스팅이다.
당시 동성애 주제나 동성애자 캐릭터를 영화에 재현하는 것은 철저한 금기였다.
따라서 그러한 테마를 그리고 싶을 때
알프레드 히치콕은 실제 동성애자 배우를 캐스팅했다.

잘 알려지지 않은 히치콕의 1927년 작품 〈다운힐Downhill〉은 남자 사립학교에 다니는 부잣집 자제(아이버 노벨로 분)가 소녀를 임신시켰다는 누명을 쓰고 집에서 쫓겨나 화류계의 밑바닥 인생을 걷다가 결국 그의 결백을 알게 된 부모품으로 돌아간다는, 표면적으로는 지극히 계몽적인 영화다.

이 영화가 흥미로운 것은 캐스팅이다. 당시 동성애 주제나 동성애자 캐릭터를 영화에 재현하는 것은 철저한 금기였다. 따라서 그러한 테마를 (암시적으로) 그리고 싶을 때 히치콕은 실제 동성애자 배우를 캐스팅했다. 물론 1920년대의 영국을 생각하면, 커밍아웃조차 흔치 않았을 것이기 때문에 히치콕의 개인적인 인맥을 동원했을 것으로 추측된다. 주인공을 연기하는 아이버 노벨로Ivor Novello는 게이로서 이미 많이 알려진 연극배우이자 작곡가였다. 아이버 노벨로는 알프레드 히치콕의 작품에서 성 정체성이 모호한 연쇄살인범(〈하숙인The Lodger, 1927〉)이나, 게이 성향을 가진 부잣집 자제(〈다운힐〉), 연예인 같은 역할을 맡았다.

물론 동성애라는 암시를 단지 배우의 성향으로만 가늠할 수 있는 것은 아니다. 히치콕은 시각적인 암시visual embodiment에 매우 강한 감독이 아닌가. 가령 〈다운힐〉에서 남자아이들의 락커룸에 주인공과 임신 스캔들로 엮이게 되는 소녀가 등장하는 장면에서 소녀는 실수로 남자 락커룸 문을 열게 되고 다른 남자아이들이 환호하며 즐기는 것과 반대로 노벨로는 마치 유령을 본 것처럼 질색하며 옷깃을 여민다. 이러한 예상 밖의 리액션은 반드시 익스트림 클로즈업으로 처리된다. 마치 히치콕이 숨겨놓은 단서를 의도적으로 조명하는 듯하다. 유사한 수법은 히치콕의 또 다른 초기작 〈하숙인〉에서도 관찰할 수 있다. 이 작품에서 연쇄 살인범으로 등장하는 노벨로는 작품상에서는 여주인공과 로맨스가 있는 것으로 드러나지만 노벨로를 비추는 카메라와 노벨로의 시선은 그의 이성적 관계가 사실이 아님을 내포한다. 가령 노벨로를 유혹하려는 듯한 여성이 다가와 담뱃불을 붙여달라고 했을 때 노벨로는 그녀에게 눈길도 주지 않은 채 정면을 응시하며 불을 붙여준다. 그녀가 노벨로를 이상하게 쳐다보며 떠날 때까지 노벨로의 시선은 정면에 고정되어 있다.

또한 히치콕이 집착했던 또 하나의 주제는 '근친상간'이다. 히치콕의 대히트작 〈새The Birds〉(1963)나 〈싸이코Psycho〉(1960), 그리고 〈오명Notorious〉(1946) 같은 작품들에서 우리는 눈에 띄는 마마보이 캐릭터를 보게 되는데 이들은 그들의 어머니와 단순히 가까운 관계를 넘어선 상에 있다는 시각적인 은유들을 제시한다. 예를 들어 아들이 성적으로 매료되는 여자들은 반드시 남근 상징적인 무기에 살해되는데 이는 아들을 조종하는 어머니의 일련의 감정적인 폭발(화를 내거나 질투를 하거나)이 있은 후 일어난다. 〈싸이코〉에서 가장 유명한 장면인 자넷 리가 남성의 성기를 닮은 큰 칼에 수십 번 찔려 살해되는 것이 칼 쇼트와 여성의 나신 쇼트로 이루어진 점프컷·크로스컷 형태로 처리된 것은 살해를 나타냄과 동시에 여자와의 성 관계를 의미하고 모든 '의식'이 끝난 후 욕조 바닥으로 쏟아지는 그녀의 피는 남성의 정액을 상징하는 것으로 볼 수 있는 것이다.

수많은 관객들이 히치콕을 존경하는 감독으로, 그리고 앞서 논한 〈싸이코〉나 〈새〉를 선호하는 작품으로 언급한다. 그러나 히치콕이 헐리우드로 자리를 옮겨 좀 더 발전된 기술과 장치들을 쓸 수 있기 전, 또한 영화라는 매체에 사운드가 적용되기 전, 그는 모든 주제적인 요소들을 미장센이나 배우의 모션, 표정 등에 시각적으로 녹이려 했다. 〈다운힐〉은 그 이후로 쏟아지듯 탄생되었던 히치콕의 걸작들에서 보여지는 그만의 작법이 배아胚芽 상태로 집대성되어 있는 작품이다.

세 번째 영화 : <엑스터시>(1933)

극영화 최초의 오르가즘 재현

체코 출신의 구스타브 마카티 감독의 <엑스터시>는 극영화 최초로 여성의 누드와 오르가즘을 재현한 작품이다. 노출의 수위와 선정성으로 바티칸 신문에서는 "교황이 영화를 금지하도록 권장했다"라는 기사가 실리기도 하고 미국에서는 노출과 오르가즘 장면 등이 수정, 삭제되어 제작 후 6년 뒤인 1940년에 개봉이 되기도 했다. 그럼에도 사람들은 초기 영화가 그려내는 섹슈얼리티에 열광했다. <엑스터시>는 유럽 전역에서 관객들을 끌어모으며 결국 당시 열일곱 살이었던 주연 여배우 헤디 라마를 헐리우드에 입성시키는 데 결정적인 계기가 된 작품이다.

영화는 나이 차이가 꽤 많이 나는 중년의 남자 에밀(조니미르 로고즈)과 어린 신부, 에바(헤디 라마)의 결혼 첫날밤으로 시작된다. 남자는 행복한 듯 보이지만 정작 신부와 잠자리를 가지려 하질 않는다. 에바는 이상하게 여기지만 남편에게 시간을 주기로 한다. 그렇게 수많은 날들이 흐르고 에밀은 여전히 잠자리를 피하기만 한다. 남편이 성불능이라는 것을 알게 된 에바는 절망과 충격으로 아버지의 집으로 간다. 말을 키워 파는 일로 막대한 부를 누리고 있는 아버지 집에서 에바는 마음에 드는 말을 타는 것으로 하루하루를 보낸다.

늘 그렇듯 종일 말을 타던 에바는 숲에서 쉬어가기로 한다. 한참을 걷던 중 강을 발견하고는 입고 있던 옷을 던져버리고 수영을 한다. 수영을 마치고 돌아온 에바는 자신의 말이 없어진 것을 알게 된다. 어쩔 줄 몰라 하는 에바 앞에 그의 말을 찾아 데리고 온 동네 청년 아담(아리버트 모그)이 나타난다. 눈은 이미 에바의 알몸에 고정되어 있지만 애써 고개를 돌리던 아담은 에바에게 꽃을 건넨다. 그렇게 숲속 한가운데서 '아담과 이브'의 로맨스가 시작된다.

그날 이후로 에바는 아담에 대한 생각을 떨쳐내지 못한다. 그의 젊은 육체와 자신의 알몸을 바라보던 눈길 등이 한 번도 사랑받지 못한 에바의 욕망에 불을 지핀다. 밤새 뒤척거리던 에바는 결국 외딴곳에 살고 있는 아담의 집으로 향한다. 불쑥 현관 앞에 나타난 에바를 아담은 품어 안는다. 어둠침침하고 누추한 아담의 통나무집에서 에바는 처음으로 오르가즘을 배운다. 그토록 갈망했던 쾌락과 만족으로 에바는 아침이 되도록 아담의 품을 떠나지 못한다.

서로를 너무나도 간절히 원하지만 젊은 연인의 사랑은 오래가지 못한다. 출장을 위해 도시로 향하던 에바의 남편 에밀은 아담에게 우연히 도움을 받게 되면서 이들의 관계를 목격하게 된다. 서로를 껴안고 춤을 추는 아내와 아담을 바라보다가 그는 그 자리에서 권총으로 생을 마감한다. 남편의 주검을 보게 된 에바는 절규하고 아담에게서 떠난다.

〈엑스터시〉의 유명세는 영화사에 있어 최초로 시도된 '오르가즘'의 재현에 기인하지만 사실 이 영화는 포르노가 아닌 예술영화로 기획, 제작되었던 영화다. 따라서 영화의 볼거리는 주연배우 헤디 라마의 누드와 오르가즘을 담아 낸 얼굴 클로즈업뿐만이 아닌, 영화 전반에 포진해 있는 뛰어난 미장센이다. 마카티는 숲속의 벌레, 들풀, 끊어진 진주 목걸이 등 다양한 물체와 자연 속 소품을 이용하여 초현실적이면서도 실험적인 장면들을 만들어 낸다. 이러한 장면들은 등장인물의 심리상태나 앞으로 다가올 사건에 대한 복선과 상징으로 쓰인다. 마카티는 〈엑스터시〉 연출 이후 독일의 한 영화학교에서 연출을 강의하기도 했다.

〈엑스터시〉가 섹스영화로만 치부되기엔 아까운 작품이지만 여주인공 헤디 라마에게는 낙인에 가까운 존재였던 것은 사실이다. 1940년대 헐리우드를 지배했던 헤디 라마가 〈엑스터시〉로 세계적인 인기를 얻어 본격적으로 메이저 영화들로 활약을 하게 된 것은 사실이지만 결국 〈엑스터시〉의 '오르가즘 배우'라는 멍에를 벗어나지 못했다. 라마의 뛰어난 연기력에도 그녀에게는 주로 성적 에너지가 넘치는 야생녀(〈화이트 카고〉, 1942), 혹은 남주인공을 유혹하는 섹시한 외국 여성 역할(〈여권 없는 여인〉, 1950) 등이 주어졌고, 미디어와 사교모임에서 사람들은 끊임없이 그리고 어김없이 라마의 '오르가즘' 장면을 언급했다. 발명가로서의 라마를 조명한 다큐멘터리 〈밤쉘〉(알렉산드라 딘, 2018)에서 그는 헐리우드 사람들이 자신을 '연기하는 창녀' 이상으로 여기지 않았다

출처 IMDB / United Artists

구스타브 마카티 감독의 〈엑스터시〉는 극영화 최초로 여성의 누드와 오르가즘을 재현한 작품으로 영화사적 기록을 갖는다.

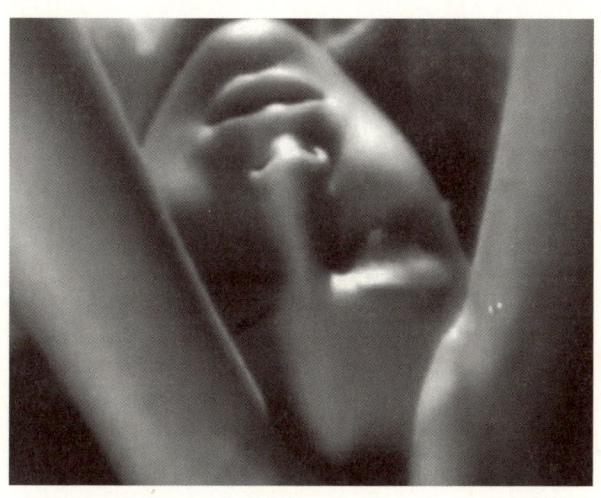

당시 열일곱 살이었던 주연 여배우 헤디 라마는 생의 마지막까지 '오르가즘 배우'라는 명에를 벗어나지 못했다.

고 언급하기도 했다. 결국 〈엑스터시〉는 오르가즘의 첫 등장으로 영화사적 기록을 갖지만 헤디 라마 생으로서는 마지막까지 따라다니던 저주였던 셈이다.

네 번째 영화:〈무법자〉(1943)

검열의 탄압을 받았던
세기의 가슴

　　오로지 제인 러셀을 위한, 혹은 그의 아름답고 풍만한 가슴을 찬양하기 위해 만들어진 웨스턴, 〈무법자〉는 평소에 러셀을 짝사랑했던 하워드 휴즈 감독이 그에게 바치는 연가戀歌 같은 것이었다. 아드레날린이 넘쳐야 할 웨스턴 장르에서 러셀이 등장하는 장면 마다 슬로우 모션과 하이라이팅이 쓰이는 등의 다소 과한 기법이 총동원 되었던 것은 모두 제인 러셀의 완벽한 가슴을 부각시키고 싶은 혹스의 욕망이었다. 〈무법자〉의 한 장면을 찍던 중 D컵이 넘는 러셀의 가슴이 예쁘게 나오지 않자 휴즈는 러셀의 가슴이 잘 받쳐질 만한 특수 속옷을 제작해 착용시키고 촬영을 하기도 했다.

　　〈무법자〉는 카우보이들과 보안관이 황야를 누비는 서부극이다. 보안관 팻 개럿(토마스 미첼)은 뉴 멕시코 링컨에 그의 오랜 친구인 닥 할

출처 IMDB / United Artists

〈무법자〉는 평소 러셀을 짝사랑했던 하워드 휴즈 감독이
그에게 바치는 연가 같은 것이었다.
이 작품은 후에 헐리우드에서 검열이 사라지는 데
결정적인 영향을 미치기도 했다.

리데이(월터 휴스턴)가 도착했다는 소식에 반가워 한다. 재회의 기쁨이 채 가시기도 전 할리데이는 도둑 맞은 말이 인근에 있다는 것 같다며 팻에게 도움을 청한다. 곧 둘은 총잡이, 빌리 더 키드(잭 뷰텔)가 할리데이의 말을 가지고 있다는 것을 알게 된다. 할리데이는 빌리를 찾아내지만 놀랍게도 그에겐 더 이상 말에 대한 미련도 분노도 없다. 빌리의 수려한 외모에 할리데이가 한눈에 반한 것이다. 둘은 만난 순간부터 친구가 되고 모든 여정을 함께 하기로 한다. 긴 시간 동안 할리데이를 지켜주었던 팻은 빌리의 등장에 질투한다.

어쩌다 휘말리게 된 대결에서 빌리는 총상을 입게 되고 할리데이는 자신의 애인인 리오(제인 러셀)에게 빌리의 간호를 맡긴다. 억지로 떠맡게 된 청년에게 리오는 호감을 느낀다. 혼수상태였다가 깨어난 빌리 역시 이국적이면서도 매력적인 외모, 더 정확하게는 가슴을 가진 리오에게 빠져든다(러셀의 가슴 언저리에 걸쳐 있는 클로즈업은 흔들리는 빌리의 시선까지 전달한다). 상처가 악화되어 벌벌 떠는 그에게 온기를 주기 위해 리오는 알몸으로 빌리를 품고 밤을 보낸다. 리오의 지극정성으로 빌리는 점차 원기를 회복하고 며칠 후 돌아온 할리데이는 변화를 감지한다. 그는 배신감으로 치를 떤다. 평범한 영화적 상상이라면 이 대목에서부터 한 여자를 차지하기 위한 두 남자의 혈투가 시작되어야 하겠지만 〈무법자〉의 묘한 반전은 할리데이와 빌리가 일제히 리오를 포기하면서 시작된다. 서로 리오를 양보하는 촌극 가운데 팻이 끼어든다. 팻은 자신과의 우정을 배신한 할리데이와 그의 새로운 관심사인 빌리를 마을에서 쫓아내고자 한다.

팻의 끊임없는 이간질로 빌리와 할리데이는 목숨 건 대결을 벌이지

제1장. 1910-1950년대

만 죽음의 한 발치 앞에서 빌리는 할리데이에게 '당신이 내가 가진 첫 파트너였다'라는 고백을 한다. 감추어두었던 서로의 애정을 확인한 빌리와 할리데이가 화해하려는 순간, 팻은 할리데이에게 총구를 겨눈다. 그의 총알로 할리데이는 생을 마감하고 빌리는 리오와 마을을 떠난다.

〈무법자〉는 1941년에 완성되었지만 헐리우드제작코드협회에서 러셀의 가슴이 너무 크고 두드러진다는 이유로 상영승인을 거부했다. 휴즈는 러셀의 가슴 장면을 몇 컷 편집했지만 20세기폭스는 끝내 배급을 거부했다. 휴즈는 검열과의 갈등을 마케팅으로 이용하기로 한다. 그는 곧 엄청나게 음란한 영화를 개봉할 것이라는 소문을 퍼뜨렸고 마침내 1946년에 영화가 개봉했을 때 구름떼 같은 관객이 몰려들었다.

〈무법자〉가 입에 오르내린 것은 비단 러셀의 큰 가슴만은 아니다. 부부간의 섹스일지라도 성 행위의 재현이 완벽히 금지되었던 브린 오피스[2] 집권 시기에 만들어진 영화지만 성 행위를 암시하는 대사들은 거의 매 장면마다 등장한다. 예를 들어 사막으로 떠나는 빌리의 물통에 모래를 채워 넣은 리오에게 그는 벌을 줄 것이라고 말하며, "벌을 받는 동안 나를 보고 있어야 해. 끝날 때까지 날 계속 쳐다봐"라고 덧붙인다. 빌리의 '힌트'를 읽은 리오는 묘한 미소를 보낸다. 에로틱한 대사는 빌리와 리오에게만 국한되지 않는다. 동성애를 암시하는 할리데이와 빌리의

---

[2] 조셉 브린(Joseph I. Breen, 1888~1965): 헐리우드의 자진 제작코드를 제작 및 집행한 윌리엄 헤이즈(William Hays)의 후속 집행관으로 1934년부터 1954년까지 헐리우드에서 제작된 거의 모든 영화의 실질적인 영화검열을 맡았던 인물이다. 매우 보수적인 성향을 가진 독실한 아일랜드 카톨릭 출신으로 영화의 검열 역시 엄격한 성적, 종교적, 윤리적, 도덕적 기준을 기반으로 이루어졌다.

'파트너' 관계 역시 서로를 사모하는 대사들로 어렵지 않게 읽어낼 수 있다. 헐리우드의 문제아, 하워드 휴즈는 당대에 만들어진 가장 끈적거리는 웨스턴을 만들었고 그의 작품은 후에 헐리우드에서 검열이 사라지는 데 결정적인 영향을 미치기도 했다.

제2장 ●

1960년대
끊임없이 가치 전복에 도전하는 작품들

1960년대 후반은 프랑스의 68혁명과 중국의 문화혁명, 일본의 전공투 운동 등 혁명의 피가 포효하던 시대다. 영화는 이런 움직임을 징후적으로 보여준다. 한국은 여전히 독재정권의 통치하에 있었지만 영화만큼은 황금기를 기록하며 혁신적인 작가주의 영화들을 양산해 냈다. 〈산불〉을 포함한 김수용의 영화는 그런 혁신적 영화예술을 추구한다. TV의 출현과 파라마운트 판결로 인해 스튜디오 시대가 끝나면서 헐리우드에서는 관습을 거부하는 젊은 세대의 영화감독들이 탄생했다. '뉴 헐리우드 시네마'의 기수들인 마이크 니콜스와 존 슐레진저, 끊임없이 가치 전복에 도전하는 알프레드 히치콕의 작품들은 영화 속에서도 혁명의 불길이 시작됐다는 것을 보여준다.

다섯 번째 영화: <산불>(1967)

전쟁의 비극을
욕망의 촌극으로

1960년대는 한국영화의 황금기로 기록된다. 신상옥, 유현목, 김수용, 이만희 등의 거장들이 탄생했고 이들은 영화산업이 자리잡은 지 10여 년밖에 되지 않은 초기 한국영화에 예술적 영혼을 불어 넣었다. 특히 김수용 감독의 작품들은 남녀관계에서 드러나는 미세하고도 미묘한 심리변화를 첨예하게 묘사하는 것으로 호평을 받았다. 김승옥의 소설 <무진기행>을 영화화한 김수용 감독의 <안개>는 무진을 배경으로 벌어지는 남녀의 한 달 동안의 로맨스를 그린 작품으로 김수용 특유의 시詩적이면서도 모던한 미장센이 포진해있는 작품이다. 그러나 뛰어난 영상미와 함께 강렬한 에로티시즘을 표방하여 더더욱 화제가 된 작품은 1967년에 개봉한 <산불>이다.

〈산불〉은 차범석이 쓴 동명의 희곡을 영화화 한 작품으로 6.25 전쟁 중의 깊은 산속마을을 배경으로 한다. 마을에는 빨치산에게 잡혀가거나 국군에게 '빨갱이'로 오인받아 처형되는 등 대부분 억울하게 생과부가 된 여자들만이 남아 지긋지긋한 생활고와 싸우고 있다. "남정네 냄새라도 맡아봤으면 좋겠다"며 농담을 주고받는 이들은 꿋꿋하게 딸린 식구들을 먹여 살리며 가장으로 살아간다. 이들 중 한 명인 점례(주증례) 역시 시어머니와 함께 사는 젊은 과부다. 점례는 산속에서 나물을 캐던 중 도주 중인 빨치산 규복(신영균)과 마주친다. 놀란 점례가 뒤로 넘어지고 치마가 뒤집어지면서 뽀얀 허벅지가 드러난다. 몇 달을 산속에서 은신하던 규복에게 점례의 출현은 기적의 손길이자 놓칠 수 없는 먹잇감이기도 하다. 규복은 다짜고짜 점례를 대나무숲으로 끌고가 그녀의 치마를 찢어버리고 고여있던 욕망을 분출한다. 두렵고 급작스럽지만 점례 또한 그립던 남자의 온기가 짜릿하기만 하다. 정사를 마친 뒤 점례는 규복에게 산속의 은신처를 만들어주고 음식을 갖다준다. 그들은 그렇게 매일 밤 밀회를 갖는다. 낮에도 점례는 규복 생각에 혼을 놓는다. 절구질을 하면서도 빨래를 하면서도 그가 온몸에 남겨놓은 흔적이 사지를 찌릿하게 한다.

점례에게 수상한 낌새를 감지한 이웃, 사월(도금봉)은 몰래 점례를 미행하고 결국 이들의 관계는 들통나고 만다. 역시 남편을 잃고 외로웠던 사월이는 점례에게 규복을 "나눠 갖자"는 제안을 한다. 안 그러면 신고하겠다는 사월이가 원망스럽지만, 비밀이 탄로날까 두려운 점례는 그날 밤 사월이를 대신 보낸다. 잠든 규복의 냄새를 맡고 핥아대는 사월이는 점례를 겁탈했던 규복보다 더 동물적이다. 화들짝 놀란 규복에

출처 KMDB

전쟁의 폐해를 여성의 집착적 성적 욕망으로 그려낸 〈산불〉은
명동 국립극장에서 개봉 당시 화제를 모으며 기록적인 흥행을 거뒀다.
영화의 가장 놀라운 지점은 중심인물 점례와 사월뿐만이 아닌,
모든 여성 등장인물이 과장된 성적 욕구를 보인다는 것이다.

게 사월은 저고리를 풀어헤치며 거부하면 신고하겠노라 협박한다. 규복은 내키지 않지만 사월을 못내 품고 만다. 이렇게 욕망으로 맺어진 이들의 위험천만한 연緣이 시작된다.

전쟁의 폐해를 여성의 집착적 성적 욕망으로 그려낸 〈산불〉은 명동 국립극장에서 개봉 당시 화제를 모으며 기록적인 흥행을 거뒀다. 영화의 가장 놀라운 지점은 중심인물 점례와 사월뿐만이 아닌, 모든 여성 등장인물이 과장된 성적 욕구를 보인다는 것이다. 이들은 틈만 나면 남자에게 안기지 못한다는 것에 대한 농담식 푸념을 쏟아낸다. 무리지어 산에서 내려오던 아낙들이 버려진 규복의 옷을 우연히 발견하고 번갈아 가슴에 품은 채 "냄새만 맡아도 생기가 도는구먼"이라고 말하며 웃어제끼는 장면은 코믹하지만 그로테스크하다. 전쟁의 패악에서 살아남은 자들의 상처와 결핍을 성적인 광기狂氣로 보여주는 절묘한 장면이다.

또한 주목할 것은 여성 캐릭터들의 뛰어난 심리묘사다. 삼각관계가 시작된 이후의 점례와 사월은 서로에 대해 상반된 심리를 보이는데 점례는 사월을 향한 체념과 연민을, 사월은 질투와 불안으로 하루가 다르게 쇠약해간다. '사육당하는'데 지친 규복이 사월의 목을 조르고 죽이려 했을 때 점례가 뛰어나와 "사람을 사랑하는 게 무슨 죄냐"며 사월을 두둔하는 대목은 두 여성 캐릭터의 묘한 연대가 보이기도 한다. 결국 규복의 아이를 임신하게 된 사월은 자살하고 규복은 공비를 잡기 위해 국군이 대나무숲을 태우는 과정에서 죽게 된다. 가장 가까웠던 두 사람을 동시에 잃은 점례가 절규하는 영화의 마지막 장면은 전쟁의 상흔에 대해서 반추해보게 하며 씁쓸한 여운을 남긴다.

여섯 번째 영화: <싸이코>(1960)

'머니 샷'의 예술적 승화

　　필자에게 알프레드 히치콕 혹은 그의 영화에 대한 글을 쓴다는 것은 신성모독 같은 것이었다. 아무리 고뇌한들 그의 완벽한 작품에 버금갈만한 글을 쓰는 것은 애초에 불가능하기 때문이다. 그럼에도 서스펜스의 거장 히치콕의 〈싸이코〉를 에로틱 시네마의 반열에 두고 금기에 도전해보려고 한다.

　혹자는 반문할지 모르겠다. 연쇄살인마의 변태적 살인 이야기가 어찌하여 에로틱하게 비춰지는지. 그러나 히치콕을 연구하는 학자들이 주장했듯 그의 모든 작품에서 섹스와 여성의 나체는 항상 존재해 왔다. 그것도 매우 예술적이고 영리한 방법으로 말이다. 할리우드의 악명 높은 자기검열코드를 피해가며, 예를 들어 여성의 누드가 필요할 때는 발목에 아슬아슬하게 걸쳐져 있는 속옷의 클로즈업(〈더 플레져 가든〉,

1926)으로, 섹스를 욕망하는 남성 캐릭터를 그릴 때는 그의 검지 손가락의 떨림을 여성의 가슴과 교차 편집함(〈하숙인〉, 1927)으로써, 히치콕은 창의적인 기술로 에로틱한 순간들을 묘사해왔다. 마침내 히치콕의 1960년작 〈싸이코〉에서 그의 숨겨진 장기가 분출한다. 1950년대 이후 검열의 제재가 다소 완화되기도 했고, 히치콕의 흥행감독으로서의 권력이 하늘을 치솟으면서 성적인 재현에 있어 대담해진 것이다.

오프닝은 겨울이지만 더위가 기승을 부리는 피닉스의 전경을 비춘다. 카메라는 수많은 빌딩들 사이를 아슬아슬하게 버티고 있는 낡은 모텔의 창문으로 미끄러지듯 들어간다. 그곳에 대낮의 정사를 막 끝낸 마리온(자넷 리)과 그의 남자친구인 샘(존 개빈)이 기진맥진한 상태로 누워있다. 회사의 짧은 점심시간을 활용해야 하는 두 남녀는 숨도 고르기도 전에 다시 서로를 깨우려 한다. 그러나 강렬하고 짜릿한 섹스를 나눴음에도 샘은 빚 때문에 당장은 결혼할 수 없다는 고민을 털어 놓는다. 이에 마리온은 좌절한다. 점심시간이 되기만을 기다리며 몇 블록을 달려와 얻은 값진 오르가즘이 한 번에 무너지는 순간이다. 비참한 마음으로 사무실로 돌아간 마리온은 샘이 했던 말을 곱씹는다. 그리고는 우연히 맡게 된 회사 고객에게 4만 달러를 수금으로 받아 달아난다. 더위 때문인지 유달리 좋았던 그 대낮의 섹스 때문인지 마리온에겐 두려움이 없다. 밤새도록 달려 마리온은 '베이츠 모텔'이라는 낡은 숙소에 당도한다.

히치콕의 〈싸이코〉는 개봉 당시 두 가지로 이슈가 되었다. 첫 번째는 자넷 리의 노출이다. 극중에서 자넷 리는 오프닝과 중반 살해 장면, 두 차례에 걸쳐 파격적인 노출 연기를 보인다. 오프닝에서는 하얀색 브래지어만 한 채로 등장함으로써, 살해씬에서는 아무 것도 걸치지 않은 전라의 모습으로 등장해 당시 미국영화로는 이례적인 노출로 화젯거리가 되었다.

두 번째는 〈싸이코〉를 걸작의 반열에 올린 살해 장면이다. 베이츠 모텔의 주인, 노먼(앤써니 퍼킨스)은 방을 요청하는 마리온에게 자신의 사무실 옆방을 배정한다. 불안한 시선의 노먼이 마리온은 꺼림칙하지만 그가 저녁식사에 초대했을 때 거절하지 못한다. 저녁을 먹는 내내 노먼은 마리온을 살핀다. 여자의 얼굴, 손짓, 가슴과 다리를 차례대로 훑으며 음산한 미소를 짓는다. 불편해진 마리온이 방으로 돌아가자마자 노먼은 벽의 구멍을 통해 옷을 벗고 있는 마리온을 관찰한다.

알몸의 마리온은 샤워기에서 쏟아지는 물줄기에 안도한다. 몸을 타고 흐르는 물이 죄를 씻어줄 것처럼, 내일 4만 달러를 회사에 돌려주면 모든 것이 괜찮아질 거라고 자위한다. 그러나 마리온의 전신이 젖기도 전에, 샤워커튼을 뚫고 들어온 남성 성기 모양의 큰 칼은 아름다운 마리온의 몸을 난도질하기 시작한다. 굵은 물줄기를 뚫고 가슴으로, 배로, 성기 부분으로 옮겨가는 날 선 칼은 마치 거친 섹스를 연상하게 한다. 난도질의 절정이 지나고 쓰러진 여자 옆에 흐르는 선혈은 분명 정액을 상징하는 히치콕 식의 메타포일 것이다. 자신이 매혹당하는 여성과 관계하지 못하는 성불능의 남자, 성욕을 살인으로 밖에 해소할 수 없는 남자, 노먼의 비틀린 욕구를 〈싸이코〉의 살인씬은 적나라한 은유로 그린다.

히치콕의 영화는 수려한 이니그마로 가득하다. 특히 그가 곳곳에 숨겨놓은 에로틱한 코드와 그림자는 그의 전매특허 서스펜스만큼이나 손에 땀을 쥐게 한다.

일곱 번째 영화: <졸업>(1967)

구 세대의 종말

졸업은 보람되고 설레는 성취의 정점일까? 아니면 불안과 근심의 서막일까. 마이크 니콜스 감독의 1967년작 <졸업>의 주인공 벤자민(더스틴 호프먼)의 졸업은 후자에 가깝다.

대학교를 막 졸업한 스물한 살의 벤자민은 하고 싶은 것도, 배우고 싶은 것도 없는 무기력한 청춘이다. 유복한 아버지 덕에 좋은 집에서 일광욕을 하며 망상에 빠지는 것이 그의 일상이다. 그러나 하루가 멀다 하고 졸업 후 무엇을 하며 살겠냐고 물어대는 부모와 이웃들 덕에 대저택의 수영장은 인생으로부터 잠수하고 싶을 때 향하는 도피처일 뿐이다.

그런 벤자민에게 아버지의 사업 파트너의 부인 미세스 로빈슨(앤 밴크로프트)이 추파를 던진다. 벤자민의 집에서 열린 파티에서 로빈슨은 벤자민을 보고는 집에 데려다 달라며 차 열쇠를 쥐어주는 것이다. 집 앞에 내려주고도 로빈슨의 유혹은 집요하게 계속된다. 도망치려는 벤자민을 잡고 로빈슨은 굳이 집안으로 데려가 술을 권하고 침실로 데려간다.

끝까지 거부하는 벤자민 앞에 로빈슨은 옷을 벗고 알몸으로 나타난다. 그보다 나이는 훨씬 많지만 매력적인 중년 여자의 유혹에 결국엔 무너지려는 찰나 로빈슨의 남편이 귀가하고 벤자민은 도망치듯 방을 떠난다.

〈졸업〉의 초반부는 강렬하다. 1960년대 전후 미국사회, 특히 중산층의 고질적 허울과 이에 대한 풍자가 그대로 드러난다. 제2차 세계대전 후 급속한 경제성장으로 개인이 누릴 수 있는 삶의 질이 향상되고 누구나 안정된 미래를 기대할 수 조건들이 주어졌지만 갑작스럽게 얻어진 윤택한 일상은 생존과 쟁취의 처절함을 잊게 했을 것이다. 좋은 학교를 졸업하고도 아무 것도 하고 싶지 않은 젊은 남자와 역시 좋은 교육과 가정을 가지고 있음에도 아무 것도 하지 않고 살아왔던 중년 여자의 성적 이끌림은 풍족과 나태의 교배, 그 이상도 이하도 아닌 것이다.

로빈슨의 남편 때문에 무사히 첫 번째 유혹을 넘겼지만, "언제든 생각나면 연락하라"는 로빈슨의 마지막 말을 잊을 수 없었던 벤자민은 호텔로 로빈슨을 불러낸다. 단숨에 달려온 로빈슨은 벤자민 품에 안기고 싶어 주체를 못한다. 대화를 하고 싶다는 로빈슨은 벤자민의 말을 거두절미 하며 크리스마스 포장지를 풀어헤치듯 벤자민의 옷을 벗기고 자신의 메마른 몸을 밀어 넣는다. 키스도 대화도 없는 공허한 섹스가 끝나고 벤자민은 끝도 없는 자괴감에, 그럼에도 자꾸만 헤아려지는 다음 만남에 괴롭고 슬프다.

　이후로 로빈슨은 틈만 나면 벤자민을 불러내고 그는 거절하지 않는다. 아무것도 하고 싶지 않았던 일상에, 그나마 조금은 내키는 일이 생긴 것이다. 후회와 죄의식으로 질식하기 일보직전이지만, "아직도 하고 싶은 일을 찾지 못했냐"는 부모의 심문은 또 다시 탄식뿐인 로빈슨과의 섹스를 찾게 만든다.

　자기 혐오와 자위의 일상은 로빈슨의 딸 일레인(캐서린 로스)이 방학으로 집에 돌아오면서 중단된다. 의욕과 생기로 가득한 대학생 일레인의 등장은 어쩌면 벤자민의 방황을 '졸업'시켜줄 구원이자 숙명일 것이다. 딸을 멀리하라는 로빈슨의 질투와 협박으로 멀리하려 했지만, 일레인과 함께 있는 시간이면 벤자민은 오감五感이 기립하는 듯한 에너지가 넘친다. 일레인도 뭔가 불안해 보이는 벤자민과의 동행이 싫지 않다. 학교로 기숙사로 밤낮을 따라다니는 그의 처절함은 결국 엄마와의 밀회까지 알고 있던 일레인의 마음을 돌리게 한다.

　사이먼 앤 가펑클의 '사운드 어브 사일런스'가 흐르는 영화 〈졸업〉의 엔딩 시퀀스는 그래서 더 뭉클하다. 며칠에 한 번씩 누리는 오르가즘으로 연명해 오던 벤자민이 처음으로 자아의 태동을 느낀 것이다. 벤자민의 부활은 나태와 관성의 '졸업'이자 생기 넘치는 세대교체의 서막을 그린다.

여덟 번째 영화: <미드나잇 카우보이>(1969)

격변의 시대를 스친 서글픈 사랑

1950년대에 들어서면서 텔레비전의 부상과 파라마운트 판결로 인해 클래식 헐리우드의 아성牙城이 무너지기 시작한다. 메이저 영화사들은 줄어드는 관객을 회수해보고자 스펙터클 위주의 고예산 영화를 제작하며 무리수를 두지만 결국 실패로 돌아간다.

손실을 만회해야 했던 스튜디오들은 신인감독을 앞세운 저예산 영화들에 관심을 돌리기 시작하고 영화계의 제작비 전반이 하향 평준화 되면서 독립 제작자들이 증가하게 된다. 그 결과 1960년대 후반에는 이전의 화려하고 관습적인 헐리우드 영화에서 완전히 탈바꿈한, 새로운 형식과 인물들로 만들어진 '뉴 헐리우드 시네마'가 등장하게 된다. 더욱이 자체검열이 사라지고 1968년부터 등급제로 전환되면서 전례에 없었던 파격적인 주제 선택이 가능해졌다. <보니 앤 클라이드>(아서 펜,

1967), 〈이지 라이더〉(데니스 하퍼, 1969), 〈졸업〉(마이크 니콜스, 1967) 등과 함께 존 슐레진저의 1969년 연출작 〈미드나잇 카우보이〉는 이러한 산업·문화적 지형변화의 기점을 반영하는 작품이다.

    텍사스의 한 작은 식당에서 허드렛일을 하던 조(존 보이트)는 뉴욕으로 떠난다. 강한 텍사스 억양을 쓰고 웨스턴 부츠에 카우보이 모자를 쓴 그는 자신의 정통 '카우보이 룩'에 뉴욕 여성들이 열광할 것이라 믿고 그들을 상대로 돈을 벌겠다고 결심한 것이다. 물론 현실은 그 반대다. 수트를 입은 뉴욕커들 사이에서 거리를 헤매는 조는 사람들의 비웃음을 산다. 얼마 되지 않는 돈을 버스비와 호텔비로 써버린 조는 본격적으로 영업을 시작한다. 결국 고가의 아파트 주변에서 산책을 하던 중년의 여자를 유혹하는 데 성공하고 그의 펜트하우스로 향한다. 생전 처음 누워보는 고가의 침대 위에서 조는 여자의 비위를 맞추고 그녀가 원하는 만족을 주지만 여자는 조에게 대가를 지불할 생각이 없어 보인다. 조는 당당히 여자를 다그쳐보지만 그녀는 되려 자신도 같은 일을 하는 사람이고 지금은 돈이 없다며 그에게 택시비를 구걸한다. 화가 치밀어 오르지만 이내 여자가 안쓰러워 그는 주머니 속에 숨겨놓은 지폐를 내민다.

    하루를 공치고 난 조는 허름한 바에서 맥주를 마시며 다음 영업을 구상한다. 술잔이 비워질 때 즈음 옆에 앉아 있던 절름발이 남자 랫조(더스틴 호프만)가 말을 붙이며 다가온다. 조의 영업 실패담을 듣고 난 그는 여성 고객들을 넘겨줄 수 있다는 남자를 소개하고 수수료를 챙겨간다. 이젠 살길이 열렸다고 흥분했던 조는 얼마 되지 않아 랫조에게

출처 IMDB / United Artists

〈미드나잇 카우보이〉에서는 베트남전의 정점을 지나는
미국사회에 대한 조소가 가득하다.
가난과 억압으로 질식해가던 젊은이들이 남아있는 몸뚱아리와
주머니돈을 섹스와 헤로인에 탕진할 수밖에 없었던
비참한 뉴욕생활기를 보여준다.

사기를 당했다는 것을 알게 된다. 낙심한 채 며칠동안 거리를 방황하는 가운데 조는 다이너에서 싸구려 커피를 마시고 있는 랫조와 우연히 마주친다. 랫조는 광분하는 조에게 돈 대신 지낼 곳을 주겠다며 자신의 허름한 아파트로 초대한다. 재개발 구역임을 표시하는 'X'로 도배가 된 한 폐건물에서 그렇게 그들의 처량한 동거가 시작된다.

〈미드나잇 카우보이〉가 비추는 뉴욕은 전혀 아름답지 않다. 명품이 가득한 상점들을 마주하는 존재는 표정 없는 샐러리맨들과 거지들 그리고 조처럼 밤을 기다리는 창부娼婦들 뿐이다. 그나마 도시가 활기를 찾을 때는 피켓을 든 사람들이 거리를 채우고 반전운동을 벌일 때다. 제임스 헐리히의 동명소설을 영화화한 〈미드나잇 카우보이〉에서는 베트남전의 정점을 지나는 미국사회에 대한 조소가 가득하다. 가난과 억압으로 질식해가던 젊은이들이 남아있는 몸뚱아리와 주머니돈을 섹스와 헤로인에 탕진할 수밖에 없었던 시대의 아이러니가 조와 랫조의 비참한 뉴욕생활기를 통해 드러난다.

조가 수족手足보다 소중히 여기던 라디오를 팔아 돈을 마련한 날, 그는 기침이 심해지는 랫조를 위해 아스피린을 사고 외식을 하기로 한다. 징글징글한 가난 속에서 그나마 마음을, 육체를 기댈 곳은 서로 밖에 없음을 인식하게 된 것이다. 식당에서 마주친 한 남녀커플은 조와 랫조를 파티에 초대하고 이곳에서 만난 여자에게 조는 처음으로 대가를 받고 몸을 팔게 된다. 이제야 조의 재능이 빛을 보게 되어 일자리가 약속되는 순간, 랫조의 병이 악화되기 시작한다. 플로리다로 가고 싶다는 랫조의 원願을 들어주기 위해 조는 버스표를 구해 여행길에 오르지만 목적지의 한 발치에서 랫조는 숨을 거둔다. 영화는 이미 숨을 거둔 랫조를 감싸며 울먹거리는 조의 얼굴과 무표정한 얼굴로 힐끔거리는 버스 승객들을 교차하며 막을 내린다. 군중들의 무표정을 시대의 표정으로 중첩한 슐레진저의 〈미드나잇 카우보이〉는 그렇게 한 세대의 기록 영화가 되었다.

아홉 번째 영화 : <눈먼짐승>(1969)

촉감의 에로티시즘
야스조 마스무라와 재패니즈 뉴웨이브

1800년대 말 탄생부터, 텔레비전이 새로운 엔터테인먼트로 급상승하던 1970년대 이전까지 영화는 독점적으로 오락의 수단을 담당했다. 텔레비전의 보급이 빠르게 진행되었던 미국을 제외한 많은 지역에서 1950년대는 영화의 황금기다. 일본 역시 이 시대에 일본영화사상 최고의 아티스트들을 배출해냈다. 구로자와 아키라와 오즈 야스지로 등의 1세대 영화 장인들이 독트린에 가까운 정적이고 고전적인 영화를 만들어냈다면 스즈키 세이준과 오시마 나기사를 포함한 새로운 주자들은 관습파괴적인 영화들에 집중했다. 프랑스에서 시작된 누벨바그 운동이 일본에서도 일어나기 시작한 것이다. 이러한 현상을 일컬어 부르던, 이른바 '재패니즈 뉴웨이브'의 기수 중 한 명인 마스무라 야스조는 단연 독보적인 인물이다.

야스조 감독은 청년 시절 이태리로 떠나 페데리코 펠리니와 루키노 비스콘티 같은 거장들에게 직접 연출 트레이닝을 받은 보기 드문 인재이기도 하다. 후에 일본으로 귀국해 미조구치 겐지의 조감독으로 일하다가 1957년 〈입맞춤〉으로 데뷔한 이래로 1969년의 〈눈먼 짐승〉에 이르기까지 매년 두 개 이상의 수작들을 연출했다. 그의 화려한 필모그래피에서 후기 작품들 중 하나인 〈눈먼 짐승〉은 영화적 소재로도, 시각적 시도로도 눈에 띄는 작품이다.

아키(미도리 마코)는 자신이 모델을 했던 조각상을 보기 위해 갤러리로 향한다. 그곳에서 그는 한 맹인(후나코시 에이지)이 조각의 몸을 샅샅이 만지고 느끼는 것을 목격한다. 아키는 자신의 몸이 더듬어지는 듯한 불쾌한 기분이 들어 도망치듯 갤러리를 떠난다. 며칠이 지나고, 새벽까지 일을 하고 돌아온 아키는 집으로 마사지사를 부른다. 맹인 마사지사가 아키의 집에 도착하고 마사지를 시작한다. 그는 아키의 허벅지와 가슴을 주물러 대며 그의 몸매에 대한 찬양을 늘어 놓는다. 아키는 며칠 전 갤러리에서 봤던 맹인을 떠올리며 마사지를 중단시킨다. 맹인을 돌려보내려는 순간, 마사지사는 아키에게 마취제를 묻힌 헝겊을 씌우고 아키는 쓰러진다. 갤러리에서 봤던 맹인이 마사지사로 위장한 것이다. 이내 아키가 눈을 뜬 곳은 창고를 개조한 거대한 밀실이다. 맹인이 '아뜰리에'라고 부르는 이 공간에는 인간의 눈, 코를 형상화하거나 여성의 가슴, 다리 등을 오브제로 만든 조각상들이 산처럼 쌓여있다.

조각가인 맹인은 여성의 몸을 조각하고 싶어하지만 만져서만 할 수 있는 일이기에 최근에 모델로 이름을 알리고 있던 아키를 납치한 것이다. 맹인의 계략이 성공하고 결국 아키는 그의 작업장에 감금된다. 수

출처 IMDB / DAIEI

마스무라 야스조 감독의 화려한 필모그래피에서
후기 작품들 중 하나인 〈눈먼 짐승〉은
영화적 소재로도, 시각적 시도로도 눈에 띄는 작품이다.

차례 탈출을 시도하지만 실패로 돌아가고 아키는 결국 그가 원하는 대로 옷을 벗고 포즈를 취한다. 맹인은 아키의 팔다리를, 가슴과 엉덩이를 세심하고 탐욕스럽게 만지고 분석한 후 찰흙을 집어들어 그만의 조각상을 빚는다.

에도가와 람포의 단편소설을 기반으로 한 줄거리와 인물 설정만으로도 기괴한 이 영화는 중간 중간 인서트로 삽입되는 나체의 흑백사진들, 신체의 일부분을 조각한 작품들의 클로즈업으로 더욱 그로테스크함을 더 한다. 영화가 중반부까지 이토록 기괴한 설정들로 관객들을 '납치'하는데 성공했다면 후반부에선 관객들을 향한 고문이 시작된다.

맹인의 모델로서 시간을 보내던 아키는 그를 사랑하게 된다. 이들은 조각을 그만두고 촉각만을 이용해 서로의 몸을 탐한다. 시각을 사용하지 않는 아키는 맹인처럼 앞을 볼 수 없게 되고 점점 쾌락의 나락에 빠진다. 깨물고 할퀴던 애정행각은 때리고 피를 내는 마조히스트적 섹스로 발전한다. 손과 촉각을 이용하던 이들은 조각칼을 이용해 상대의 팔 다리를 베기에 이른다. 고통을 더 달라고 애원하던 아키는 숨을 거두고, 아키의 죽음을 확인한 맹인은 자살한다. 피투성이 알몸의 남녀는 그렇게 거대한 여성의 사타구니 조각상위에서 주검이 된다. 밀폐된 공간에서 일어나는 가학적 성행위들과 그것이 발전하는 미세한 단계들을 담아내는 후반부는 숨이 막힐 정도로 고통스럽다. 그러나 그것은 욕망을 배태하는 감각에 대한 경고이기도, 풍자이기도 하다. 느끼는 것은 보는 것만큼이나 위험하고 탐욕스러운 행위라는 것을 야스조는 '눈먼' 짐승들을 통해 '보라'고 말한다.

제3장 ●

1970년대
성性, 규제와 저항의 담론이 되다

1970년대의 키워드는 '억압'과 '해방'이다. 예컨대 한국은 유신정권의 시작과 함께 영화의 폭압적인 규제가 강화되었으며 일본사회 역시 전공투 세대의 처절한 몸부림이 끝내는 보수세력으로 제압당하는 것을 목도해야 했다. 오시마 나기사, 하길종 등 문제의식을 작가적 원천으로 삼던 동아시아 감독들의 1970년대 작품들에는 패배주의가 만연하다. 반면 미국은 1968년에 기존의 제작코드에 기반한 검열이 없어지고 등급제가 시작되면서 영화들이 마침내 표현의 자유를 얻어낸다. 검열제가 없어지고 난 직후에 나온 돈 시겔의 작품에는 승리를 자축하는 유쾌한 자기 패러디가 넘쳐난다. 이 섹션의 영화들이 품고 있는 성 담론은 당대에서 지속되고 있는 억압을 투영하거나 그동안 자행되었던 억압과 통제를 고발하는 형태로 드러난다. 동시에 성의 억압을 통해 사회문화적 억압 메커니즘이 형성되는 과정을 엿볼 수 있다.

열 번째 영화: <매혹 당한 사람들>(1971)

'소돔과 고모라'의 소녀 버전

　　　　　　　　2017년 개봉한 소피아 코폴라 감독의 <매혹 당한 사람들The Beguiled>은 일단 아름다운 색채가 가득한 포스터로 주의를 끈다. 더욱이 코폴라 감독 특유의 소녀적 감성과 잘 맞아 떨어지는 니콜 키드먼, 커스틴 던스트, 엘 페닝 등의 '엘프 스러운' 배우들의 등장은 빅토리안 스타일의 귀여운 소동극을 연상하게도 한다.

　그러나 영화는 '소돔과 고모라'의 여성 버전에 가깝다. 남북전쟁 중 부상을 당한 군인 '존'이 우연히 여자 기숙학교에 당도했을 때, 그곳에 있던 굶주렸던 여자들의 욕정과 탐욕이 폭발한다. 그리고 존의 페니스를 차지하고자 하는 여자들의 혈투가 시작된다. 코폴라의 <매혹 당한 사람들>은 토마스 컬리넌의 장편소설을 바탕으로, 1971년 돈 시겔 감독이 연출하고 클린트 이스트우드가 출연했던 동명의 영화 <The

출처 IMDB / Universal Pictures

〈매혹 당한 사람들〉은 그냥 그런 B급 영화의 오명을 쓰기 쉬운 작품이지만
영화는 뉴 헐리우드 시네마가 태동했을 때의 창의적인 에너지와
문화적 변화의 역동이 그대로 투영된 작품이다.

Beguiled〉의 리메이크 작이다. 코폴라 감독의 영화도 충분히 쇼킹하지만, 조금 더 컬트적이고 정제되지 않은 버전인 시겔의 오리지널을 소개하고자 한다.

소돔과 고모라Sodom and Gomorrah는 창세기에 등장하는 이웃한 두 도시다. 이 두 도시에서 만연했던 음란하고 방탕한 행실에 신은 진노하고 결국 불과 유황으로 멸망시켰다고 한다(창세기 18-19장). 성경의 레퍼런스가 어원이 되어 소도미sodomy라는 단어는 성적인 문란(과거에는 동성애, 근친상간, 다른 인종과의 섹스, 아동 성행위 등을 포함한)을 뜻하기도 했다.

소녀들이 서식하는 숲속의 기숙학교는 성경공부와 바느질을 가르치는 성스러운sacred곳으로 보이지만 병病적인 음기가 가득한 곳이다. 학교의 원장 미스 마사는 친오빠와 근친관계를 유지하다가 오빠를 살인한 것으로 추정되는 인물이고, 학생들 중 캐롤은 존이 도착하자마자 단추를 풀고 접근하는 저돌적인 소녀다. 소녀들을 가르치는 에드위나 선생님은 그나마 가장 정상적인 인물로 보이지만 그녀도 존과 다른 여자들을 향한 질투에 존을 파괴하는 인물이다.

공교롭게도 소도미가 정의하는 음란한 악행들이 존이 영화 안에서 여자들과 맺는 모든 관계 안에서 그려진다. 다리 부상으로 방 안에 누워만 있는 그지만 여자들은 한 명씩 제 발로 그의 방을 찾는다. 일단 시중을 들어주는 흑인 하녀에게 "우리 모두 갇혀 있는 신세"라며 존은 그녀의 마음을 산다. 나이가 제일 많은 학생인 캐롤은 몰래 존의 방에 들어와 잠든 존의 입술에 그녀의 입술을 밀어 넣는 것으로 첫인사를 한다. '나는 열일곱 살이지만 또래 보다 훨씬 많이 안다'는 이 소녀를 존은 두 팔 벌려 환영할 수밖에 없다. 그리고는 그의 실질적 병간호를 맡은 에드위나는 이 기숙학교의 유일한 선생이다. 존은 이상형이라며 에드위나에게 적극적인 애정공세를 펼치고 그녀도 서서히 그를 사랑하게 된다. 대쪽 같은 미스 마사 역시 존에게 넘어가고 만다. 그녀는 친 오빠와의 근친관계를 정리하고 (이유는 설명되지 않는다) 학교를 운영해오며 에드위나에게 동성애적 사랑을 품어오고 있던 중에 존을 돌보게 된 것이다. 그녀는 존과 에드위나와 셋이 섹스를 하는 꿈을 꾸곤 한다.

이런 위험천만한 일상은 존이 어느 밤 캐롤의 방에 들어가 관계를 가지면서 무너진다. 이를 목격하고 분노한 에드위나가 존을 계단에서 밀어버리고 간신히 회복한 그의 다리가 다시 부러진다. 영화의 대반전은 미스 마사 역시 질투에 눈이 멀어 존의 다리를 절단하기로 한 순간부터 시작된다. 어차피 '괴사'가 시작될 것이니 죽는 것보다는 절름발이로 사는 게 낫지 않겠냐며 톱을 들고 나타난 것이다.

영화의 후반부 클라이맥스에서 일어나는 이 사건을 시점으로 영화는 호러와 코미디로 장르를 둔갑한다. 숲속의 기숙학교와 그 안을 메우고 있는 고고한 여성들을 안데르센 동화의 서문처럼 그렸던 전반부를 360도 전복하는 것이다. 눈을 부릅뜨고 톱질을 하는 미스 마사의 얼굴에는 페인트인 것이 역력한 붉은 피가 튀고 로우 앵글로 잡은 카메라에서는 썰려 나가는 존의 다리가 비친다. 며칠이 지나 정신을 회복한 존은 다리가 절단된 것을 알고 경악한다. 그는 미스 마사에게 "차라리 거세를 하지 뭣 하러 다리를 잘랐냐"며 분노한다. 실소가 터지는 순간이 아닐 수 없다. 영화는 또 다른 반전 하나를 선물하며 끝을 맺지만 그것까지는 독자들을 위해 남긴다(반드시 보라고 추천하고 싶다).

〈매혹 당한 사람들〉은 그냥 그런 B급 영화의 오명을 쓰기 쉬운 작품이지만 영화는 뉴 헐리우드 시네마가 태동했을 때의 창의적인 에너지와 문화적 변화의 역동이 그대로 투영된 작품이다. 1968년 헐리우드의 자기검열시스템self-censorship system이 무너지고 현재의 등급제 rating system로 변경되면서 기존의 검열에서 특히 금기시했던 성과 인종, 종교에 대한 묘사들이 자유로워진 것이다. 흑인들이 백인들을 비웃는 농담과 욕으로 가득한 블랙스플로이테이션Blaxploitation 같은 장르가 1970년대 초반에 잉태된 것도 그 이유다. 아마도 〈매혹 당한 사람들〉이 약간은 지나칠 정도로 섹스와 흑인 여성에 대한 백인 남자의 욕망을 노골적으로 표현한 것은 근 50여 년간 영화들을 옥죄었던 청교도적 검열정책에 대한 조소이자 한풀이일 수도 있지 않을까 싶다.

물론 검열의 폐지만이 저렇게 배짱 좋은 영화의 탄생에 기여하지는 않았을 것이다. 영화가 만들어지던 시기를 전후로 일어났던 각종 인권운동과 포스트 페미니즘, 섹스혁명은 〈매혹 당한 사람들〉의 '못 해서 미친' 여성 캐릭터들과 그들에게 (상징적으로) 거세 당하는 남근적 심볼의 전형(클린트 이스트우드)으로 구현되는 것이다. 이런 맥락에서 2017년 개봉했던 소피아 코폴라의 리메이크 작은 흥미로운 대조가 될 것이다. 혁명적 분자로 가득했던 남성 거장의 영화가 반 세기 이후, 페미니스트적 시선을 담은 여성 거장의 시선에서 어떻게 다시 태어났는지 꼭 확인해보시길 바란다.

열한 번째 영화: ⟨화분⟩(1972)

광기와 욕망의 랩소디

⟨화분⟩은 38세에 아까운 생을 마감한 불운의 감독 하길종의 데뷔작이다. '불운의 감독'이라고 칭한 이유는 그의 짧은 인생 때문만은 아니다. 작품의 대부분이 외국 거장들의 영화(데이빗 린의 ⟨Red Umbrella 붉은 우산⟩, 파올로 파졸리니의 ⟨Teorema 테오레마⟩)들을 표절했다는 비판에 시달렸고, 박정희정권 하의 강압적 영화제작 현실과 타협하는 영화를 만드는 것에 대한 자기 염증을 극복하지 못했다.[3]

⟨화분⟩은 하길종이 폐수廢水와 같은 자아비판으로 시달리기 전 한국영화에 대한 열정과 일말의 희망을 가지고 있었을 때 만들어진 작품이다. 괴작이라는 평가가 더 우세하지만 그럼에도 불구하고 의미가 있는

---

3 하길종의 수필집, 《백마 타고 온 또또》 참조. 예조각, 1979년.

이유가 거기에 있다. 감독 자신도 영화를 개봉하고 몇 년이 지난 후, "어디까지나 저로서는 〈화분〉을 대표작으로 생각"한다고 언급한 바 있다.[4] UCLA에서 영화를 전공한 그가 독재정권 하의 암울한 국내 현실을 인지하고도 굳이 귀국해서 만든 그의 첫 작품은 예술혼의 발현임과 동시에 한국영화인으로서의 사명 같은 것이다.

영화는 '푸른 집'에서 일어나는 기묘하고 추악한 사건들을 그린다. 근교 외딴 곳에 있는 푸른 집에는 성공적인 사업가 현마(남궁원)의 첩인 세란(최지희), 그녀의 동생 미란(윤소라), 그리고 이들의 하녀인 옥녀(여운계)가 살고 있다. 영화는 어느 날 현마가 자신의 비서임과 동시에 흠모하고 있는 단주(하명중)를 푸른 집에 초대하면서 전개된다.

단주를 욕정 가득한 눈으로 바라보고 있는 현마를 인지한 세란은 노골적으로 단주를 배타적인 태도로 대한다. 같은 날 미란은 첫 월경을 하게 되고 이를 알게 된 세란은 모두가 있는 자리에서 미란을 놀려댄다. 수치를 느낀 미란은 집을 나가고, 현마는 단주를 보내 미란을 찾아오게 한다. 서울의 곳곳을 떠돌며 하룻밤을 보낸 이들은 서로를 사랑하게 되지만, 이들의 관계를 알게 된 현마는 질투심에 단주를 찾아내어 푸른 집 창고에 감금시킨다.

영화의 결말은 모두의 파멸이다. 현마는 부도를 내고 일본으로 도주한다. 세란은 집으로 밀려드는 빚쟁이들 중 몇 명에게 강간을 당하고, 이 아수라장에서도 옥녀는 끊임없이 단주를 욕망한다. 미란은 아끼던

---

4   정한석의 KMDB 〈화분〉 평 참조.

피아노를 빚쟁이들에게 빼앗기고 망연자실 한다. 옥녀의 도움으로 잠시 탈출했던 단주는 폭력이 난무하는 광경을 목도하고는 조용히 떠난다. 당시 사회적 공기를 고려할 때 영화의 줄거리는 꽤 파격적이라 할 수 있을 것이다. 영화의 등장인물들의 관계도와 상관없이 캐릭터들(현마, 세란, 옥녀)의 상상으로 등장하는 뜬금없는 섹스씬들 역시 그러하다.

영화는 이효석의 1939년 작품인 〈화분〉을 원작으로 하고 있지만 적지 않은 변주가 있으므로 단순한 소설의 영화화로는 보기 힘들다. 또한 흥미로운 것은 당시 검열로 상당 부분이 잘려 나갔지만 문제시될 것 같은 남성 동성애의 재현은 그대로 남고, 남녀의 베드씬 정도가 편집되었다는 것이다.

그럼에도 영화의 가장 큰 쟁점은 이 영화와 이탈리안 좌파 감독, 피에르 파올로 파졸리니의 〈테오레마Teorema〉(1968)와의 유사성이다. 외딴 집에 사는 가족(아버지, 아들, 딸, 하녀)과 어느 날 찾아온 이방인과의 성적 일탈을 다룬다는 점은 〈화분〉의 캐릭터 구성과 내러티브가 비슷해서 표절로까지 이슈화된 것으로 보인다. 〈화분〉의 표절 이슈는 크게 문제화되어 그 해 대종상 시상식에서 제외되었고, 그 다음 해에 하길종은 전작에서 얻어진 불명예를 극복하고자 〈수절〉을 만들었지만, 흥행과 비평에서 모두 실패했다. 결과적으로 〈화분〉은 표절 논란과 검열의 난도질로 헤진, 영화사의 얼룩 같은 작품이 되어버렸지만, 그럼에도 불구하고 이 작품이 온당한 평가를 받지 못했다는 생각을 지울 수 없다.

가장 큰 이유는 영화를 평가했던 대부분의 평론들과 논문들이 작품에 대한 '죄목罪目'을 고하는 것의 이상의 시도를 하고 있지 않기 때문이다. 가령, 왜 하길종은 수많은 해외 예술영화를 예찬해왔음에도 그의 첫 작품으로 이효석의 (다른 작품들 보다 현저히 덜 알려진) 〈화분〉을 원작으로 택했는지, 하길종의 〈화분〉은 (논란에도 불구하고) 〈테오레마〉와 어떤 차별성을 띠는지, 표절 논란에도 감독 자신은 왜 이 작품을 진정한 자신의 영화라고 선언했는지가 결과론적인 논쟁에 강제적으로 함구 당한 질문들이다.

일단, 그가 문학작품을 택한 것은 당시 한국영화계의 기류와 영화정책을 염두한 것이 아닌가 싶다. 박정희정권에서는 '문예 영화'라는 미명 하에 문학 작품을 영화화하는 것에 대해 호의적인 반응을 보였고 이는 곧 관습화되었다. 하길종은 사회를 문제적 시선으로 그리고 싶어했던 감독이고, 그런 그가 문예 영화의 노선을 택한 것은 그나마 안전한 캐리어가 될 것이라고 생각했을 것이다. 원작과 그의 작품이 다른 것도 애초에 원작 소설을 도구적으로만 사용하려는 것이 아니었을까 하는 추측이 가능하다.

그럼에도 이효석의 〈화분〉은 하길종에게 필요했을 요소를 응축하고 있는 작품이다. 등장인물 다섯 명은 하나의 관계에 종속되지 않거나 두 개 이상의 관계를 맺고 있는 일종의 '플라워 칠드런'[5]이다. 그들의 무분별한 욕망은 통제와 폭력의 반대기제로 보여진다.

하길종의 〈화분〉은 저항 기제로서의 욕망을 차용하되 등장인물 사이의 권력구도를 부각한다. 현마는 통제와 구속을 가하는 인물이고, 단

---

[5] flower children: 베트남전 중 반전운동의 일환으로 일어났던 슬로건, '전쟁이 아닌, 섹스를 사랑하자'("Love Sex, Not War")를 따르던 히피들을 지칭하는 말.

주는 그의 욕망의 대상이자 희생자로서 철저히 수동적 인물로만 존재한다. 통제를 가하진 않지만, 세란이나 옥녀 같은 다른 인물들 역시 단주를 욕망하고 이들의 욕망 앞에 단주는 의지가 없거나 무능하다. 〈테오레마〉에서의 이방인이 집 안의 인물들을 먼저 유혹하는 것, 그리고 유혹했던 인물들을 기만하고 떠나는 것과 반대로 하길종의 단주는 폭력이 난무한 아수라장을 목도하고 도망치듯 떠난다.

그런 의미에서 하길종의 단주는 언급된 세 개의 작품에서 가장 나약하지만 동시에 유일하게 탐욕이 부재한 무결無缺의 인물이기도 하다. 단주의 비非 존재적 존재는 하길종이 바라본 시대상을 인내하고 있는 군상들의 표상이자, 절대권력을 꺾지 못한 감독 본인의 페르소나 같은 인물로 기능하고 있는지도 모르겠다. 파졸리니 작품과의 표절 쟁점과는 별개로 〈화분〉을 하길종의 영화로 봐야 하는 이유이기도 하다.

열두 번째 영화: <차이나타운>(1974)

디스토피아적 에로티시즘

　　발목까지 바지를 내리고 누군가의 몸 위에서 땀을 빼고 있는 중년의 남자. 그 아래에서 신음을 토하고 있는 듯한 한 여자. 숲 속에서 격렬한 정사를 치르고 있는 남녀는 자신들이 사진에 찍히고 있는 걸 모르는지 수십 장 속 스틸 사진에서 엽기적인 체위 등 다양한 시도를 거듭한다. 사진은 외도 사건 전문 탐정 기티스(잭 니콜슨)가 찍은 것이다. 사무실에 다녀간 여느 남편들처럼 사진을 마주한 의뢰인은 포효하며 '마누라를 죽여버리겠다'고 문을 박차고 떠난다.

　기티스를 찾아 온 또 다른 의뢰인은 남편에게 다른 여자가 생긴 것 같다며 사건을 맡긴다. 기티스는 의뢰인의 남편이 젊은 여자를 만나고 있는 광경을 포착한다. 이상야릇한 관계도 아닌 것 같아 보이는 이 커플에게 기티스는 곧 관심을 잃고 만다. 그러나 이번 사건은 '불륜의 현장'을 잡아내는 것으로 끝나지 않는다. 의뢰인은 사실 아내가 아니었으며, 그가 '남편'이라고 칭했던 수력관리부처의 국장 멀레이는 곧 시체가 되어 발견된다. 로만 폴란스키 감독의 1974년 연출작 〈차이나타운〉은 기티스가 이 요상한 사건의 미스터리를 풀어내는 과정을 전설의 각본가 로버트 타운의 명문을 따라 그린다.

사건을 파헤치는 과정에서 기티스는 멀레이의 진짜 부인 에블린(페이 더너웨이)과 마주하게 된다. 펜슬로 그린 실날 같은 눈썹에 붉은 립스틱을 바른 에블린은 미스터리와 비극을 인간으로 형상화한 듯 묘하면서도 슬픈 기운을 가진 여자다. 기티스는 에블린이 남편의 살해에 대해서 뭔가 숨기고 있다는 것을 감지하고 단서를 얻고자 그에게 집착한다. 집으로, 자주 가는 식당으로 틈만 나면 얼굴을 들이밀고 취조를 시도하는 기티스에게 에블린은 결국 묻어놓았던 이야기를 털어놓는다. LA의 물 공급을 민영화하려는 에블린의 아버지 노아 크로스(존 휴스턴)와 그의 음모에 대항하던 남편의 관계 그리고 에블린과 크로스의 비극적인 과거사는 기티스의 모든 가설을 빗나간 채 그를 망연자실하게 한다.

끔찍한 난제 앞에 놓은 남녀는 필연적으로 동반자가 된다. 에블린을 향한 두려움과 연민은 기티스로 하여금 그녀에게 돌진하게 한다. 사건의 배후를 파헤치기 시작하면서 크로스 일당에게 살해 위협을 당하고 있는 기티스가 에블린에게는 기댈 수밖에 없는 영웅이다. 크로스의 부하에게 코가 찢긴 기티스를 치료해 주던 에블린은 동정 어린 눈으로 그를 바라본다. 한참을 그렇게 바라본 뒤 에블린은 기티스에게 키스를 퍼붓기 시작한다. 지극하고 간절한 마음으로, 죽음의 삶을 살아왔던 이 여자의 한 순간이라도 보상해주고 싶은 심정으로 기티스도 에블린을

출처 IMDB / Paramount Pictures

〈차이나타운〉은 1920년대 말 미국 LA의 물을 사유화하려 했던
'윌리엄 멀홀랜드'라는 실제 인물을 토대로 쓰여진 픽션이다.
인간의 무모하고도 오만한 욕망은
크로스라는 인물이 가진 천륜을 위반하는
욕망과 병치되어 씁쓸한 우화로 남는다.

맞는다. 이가 갈리는 비극 앞에 놓인 이들은 그렇게 서로 더듬고 몸을 섞는 것으로 연대連帶할 수밖에 없다.

사건의 배후를 조사하던 기티스는 크로스가 자신의 수력사업을 관철시키기 위해서 멀레이를 살해했으며 그가 만났던 젊은 여자는 에블린의 여동생이자 딸 캐서린이었다는 것을 알게 된다. 크로스는 자신의 딸인 에블린을 강간하고 그렇게 생긴 딸(이자 손녀) 캐서린을 찾으려 하자 멀레이와 에블린이 보호해왔던 것이다.

혹자는 느와르 장르의 경전 같은 작품인 〈차이나타운〉이 '야한 영화'의 맥락에서 이야기되는 것이 의아할 수도 있을 것이다. 그러나 로만 폴란스키가 〈차이나타운〉과 〈비터문〉 같은 작품들을 통해서 웅변했던 육욕肉慾의 끝은 에로티시즘에 잠재된 비극 그리고 그 위험성을 고한다. (가해자, 크로스가 아닌) 죄악적인 육욕에 희생된 에블린이 경찰의 총에 맞아 한쪽 눈을 잃은 채로 죽음을 맞는 엔딩은 그런 맥락에서 더욱 공포스럽다. 〈차이나타운〉이 비극인 것은 희생자 에블린의 죽음 때문만이 아니라 그를 뒤로 하고 유유히 캐서린을 끌고 나간 크로스를 비추는 후경 때문이다.

〈차이나타운〉은 1920년대 말 LA의 물을 사유화하려 했던 '윌리엄 멀홀랜드'라는 실제 인물을 토대로 쓰여진 픽션이다. 땅뿐만 아니라 물과 자연까지도 금전화하려던 인간의 무모하고도 오만한 욕망은 크로스라는 인물이 가진 천륜天倫을 위반하는 욕망과 병치되어 쓸쓸한 우화로 남는다. 〈차이나타운〉이 추앙받는 것은 그러한 욕망의 현실과 비극이 너무나도 완벽히 구현되어 있기 때문이다.

열세 번째 영화: <감각의 제국>(1976)

군국주의의 광기가
섹스의 제국으로

전통의 일본 영화사 쇼치쿠松竹株式会社의 조감독으로 영화에 입문한 오시마 나기사大島渚는 군국주의 일본 사회를 통렬히 비판한 작품들을 연출해 왔다. 전공투전국학생공동투쟁회의를 지지했던 오시마 나기사 감독은 학생운동과 반전운동이 최고조에 이르던 1960년대에 급진적이고 전투적인 작품들을 거의 매년 쏟아내다시피 했다. 〈일본의 밤과 안개〉(1960), 〈사육〉(1961), 〈일본춘가고〉(1967) 등의 작품들은 창작욕과 사회비판의 정점에 도달한 오시마 나기사를 여실히 반영한다.

1960년대에만 이미 10편 이상의 영화를 만들며 다작多作한 오시마 나기사 감독이지만 아마도 그의 이름을 가장 대중적으로 알린 작품은 1976년작 〈감각의 제국〉일 것이다. '대중적'으로 알려진 것은 당시의 영화 자체의 대중적 성공보다 성 재현의 수위와 노출의 화제성으로 기인한 것이 아닌가 싶다.

〈감각의 제국〉은 중일전쟁 직전 일본 군국주의의 광기가 절정에 이르던 1936년에 발생한 엽기적 살인사건을 기반으로 했다. 오시마 나기사는 섹스 중에 목을 졸라 상대 남성을 살해하고 그의 성기를 절단해 간직했다는 여성 '아베 사다'를 다룬 실제 신문 기사를 읽고 영화를 구상했다고 한다.

영화의 배경은 나가노의 고급 술집 '요시다야'이다. 그곳에서 일하는 기생들 중 한 명인 사다(마츠다 에이코)는 주인 기치조(후지 타츠야)에게 한눈에 반한다. 기치조 역시 사다에게 자꾸 눈이 가는걸 참을 수 없다. 어느 날 사다는 그의 아내를 대신해 기치조의 술 시중을 들게 되고, 그는 기회를 놓치지 않는다. 결국 사다는 기모노를 헤집고 들어오는 기치조의 손길을 허락한다. 이후로 이들은 늦은 밤이 되면 술집의 보이지 않는 구석구석에서 관계를 갖는다. 서로에게 중독된 사다와 기치조는 점점 더 자주 관계를 갖게 되고, 결국 아내의 눈을 피해 비밀결혼을 올린다.

'공식적인' 부부가 된 이들은 요시다야에서 떨어진 방에 틀어박혀 하루 종일 사랑을 나눈다. 사다가 일을 하러 가기 위해 기치조와 떨어져 있는 얼마 안 되는 시간도 두 남녀에겐 치명적이다. 서로의 피부를 그리워하다가 재회하면 며칠 동안 끝도 없는 정사를 벌이며 세속과 멀어진다.

나가노에서 제일 가는 호색한好色漢 기치조이지만 그는 한 달여 만에 사다에게 완전히 중독된다. 가끔 아내에게 돌아가 머무는 기간에도 그는 아내와 혹은 그 누구와도 관계를 갖지 않는다. 결국 기치조는 사다의 다리 품으로, 오로지 쾌락과 그 다음 쾌락 사이의 공백만이 있는 작은 방으로 돌아와 세상과의 문을 닫는다. 닫힌 문 너머에서 남녀는 섹스를 넘어선 가학적인 게임을 벌인다. 목을 조르면 쾌감이 더 하다는 기치조의 요구에 사다는 매번 강도를 높여 기치조의 숨통을 누른다. 삶과 죽음의 경계에서 아슬아슬한 놀음을 벌이던 남녀는 결국 세기에 남을 비극의 주인공이 된다. 일상이 되어버린 게임에서 어느 날, 기치조는 영원히 깨어나지 못한다. 숨이 넘어가 버린 기치조의 주검 앞에서 사다는 망연자실한다. 그렇게 몇 시간 동안 죽은 기치조를 바라보던 사다는 다른 여자와 자면 죽여버리겠다고 기치조를 위협하곤 했던 칼로 그의 성기를 자른다. 사다는 철철 넘치는 피를 받아 기치조의 가슴에 "사다와 기치조, 둘이서 영원히"라는 문구를 새겨넣는다. 영화의 마지막씬은 사다가 기치조의 성기를 품고 다니다가 시나가와 역 근처의 여관에서 경찰에게 붙잡혔다는 뉴스 보도로 마무리된다.

〈감각의 제국〉은 일본에서 촬영되었지만 현상 및 후반작업, 제작 등이 프랑스에서 이루어져 엄밀하게는 프랑스 작품으로 일본에 역수출되었다. 그럼에도 당시의 일본 검열과 잇따른 소송으로 영화의 개봉까지는 엄청난 곤욕을 치러야 했다. 전작에서도 그랬듯, 오시마는 금기된 성을 스크린에 정면 공개함으로써 일본의 광기 어린 제국주의의 절정을 변태적인 성적 집착의 절정과 병치한다. 이 영화에 등장하는 무장한 일본군대의 인서트와 기치조가 그들을 경멸하듯 피하는 장면들은 투쟁의 1960년대를 관통한 오시마 감독이 일본사회의 자만과 위선을 직시하고 비판하는 마지막 외침이 아닐까.

열네 번째 영화: <영자의 전성시대>(1975)

1970년대 호스티스 영화 속 '벗은 처녀들'

시골에서 갓 올라온 영자는 부잣집 식모살이로 서울 생활을 시작하게 된다. 주인집 사장님의 직원인 '창수'라는 남자가 추파를 던지는데 그게 싫지가 않다. 그럭저럭 시골집에 돈도 보내고 이제 좀 서울생활이 즐거워지려 하는 찰나 영자에게 비극적인 사건이 일어난다. 주인집의 망나니 아들에게 강간을 당한 것이다. 시골떼기에게 집적거린 아들이 창피하기만 한 사모는 영자를 내쫓아버리고, 갈 곳 없는 영자는 공장으로, 버스 차장으로 전전하다가 끝내는 집창촌의 작부로 전락하고 만다.

줄거리로만 보면 진부하기 그지 없는 영화지만 이 작품은 1975년 개봉 당시 단일극장에서만 36만 명 이상을 동원하고 잡지, 텔레비전 등에서 '영자 신드롬'을 일으켰던 김호선 감독의 <영자의 전성시대>다.

〈영자의 전성시대〉는 전년도에 개봉하여 기록적인 흥행을 이루어냈던 이장호의 〈별들의 고향〉과 함께, '호스티스 장르'의 효시적 작품으로 꼽힌다.

앞서 언급했던 영자의 이야기, 혹은 시골 처녀의 도시 수난기는 두 작품의 전례가 없던 극장 몰이를 시작으로 1976년 김호선의 〈여자들만 사는 거리〉와 1977년 〈겨울여자〉 등의 연이은 흥행을 거치면서 1980년대 초반까지 수많은 영화에서 반복, 차용되며 이른바 호스티스 장르라는 명칭까지 갖게 된다.

1970년대에 텔레비전이 보급되고 박정희의 유신정권 아래 영화검열이 대폭 강화되면서 극장가가 엄청난 불황을 겪고 있었음에도 불구하고 호스티스 영화가 10여 년 동안이나 인기를 누릴 수 있었던 것은 동시대 구성원들이 공유하던 사회적 이슈들, 다시 말해 어느 정도의 시의성을 띠고 있었기 때문일 것이다. 급격히 추진되던 산업화 과정에서 많은 시골 처녀, 청년들이 도시의 인력으로 동원되었다. 이 시기에 많은 수의 여성들이 노동현장에서의 성폭력과 각종 사기 범죄의 희생자로 추락하게 된다.

호스티스 영화는 이러한 면에서 양가적이다. 그들의 호스티스 영화에서 차세대 젊은 감독들(이장호, 김호선, 하길종 등)은 노동계층의 여성이 산업화시대에 감내해야 했던 성·노동 착취를 그려냈다. 그리고 이들의 영화는 분명 대중의 공감과 사랑을 받았다. 당시 영화검열이 하층, 노동계급의 영화 재현을 집중적으로 규제했기 때문에 호스티스 영화 같은 성인물의 외형이 없었다면 아마도 검열의 칼을 피하지 못했을 것이다. 물론 호스티스 영화에서의 여주인공이 모두 현실적으로 그려졌다고 할 수는 없겠으나, 이러한 일련의 영화들이 아니었다면 하층민 중에서도 가장 아래 계급이라 할 수 있는, 시골 출신의 '타락한' 성 노동자들이 영화 속에서 주인공으로, 혹은 동시대 아픔을 재현하는 하나의 에이전트로 사람들의 시선과 관심을 공유하는 것이 가능하기나 했겠는가. 이러한 맥락에서 호스티스 영화들을 농촌인구의 도시유입, 산업화의 병폐, 노동 현장에서의 인권문제 등 당시 한국사회를 관통하는 이슈들을 어느 정도 투영했던 문화적 지표로 볼 수도 있을 것이다.

동시에 이 영화들은 강간이나 성 노동이라는 문제적 접근을 통해 여성의 섹슈얼리티를 조명하고 상업화한다. 다시 말해 남성을 강간의 가해자 혹은 소비하는 주체로 설정하면서 남성의 성적 욕망은 능동적이고 극대화되어 표현될 수 있는 명분을 갖는 반면 여성의 욕망과 내면은 생략되거나 왜곡된다. 그런 점에서 호스티스 영화들 속의 여성은 남성의 욕망이 발현 혹은 실현되는 대상의 육체로만 기능했다고 해도 무리가 아니다.

따라서 호스티스 영화의 섹스씬들은 아름답지 않다. 많은 독자들이 기억하고 있을 〈나인 하프 위크〉나 〈연인〉 등의 헐리우드 영화에서의 로맨틱하고 서정적인 섹스가 호스티스 영화들에는 부재不在하다. 호스티스 영화들의 섹스씬들은 대부분이 여주인공의 강간, 매춘 혹은 목적을 가진 섹스로 재현되므로 가학적이고 일방적이라는 공통된 양상을 보인다. 예를 들어 〈나는 77번 아가씨〉의 여주인공 고나(정윤희)가 전 남편(김희라)과 양육권 분쟁을 해결하기 위해 (억지로) 갖게 되는 정사 씬은 처연하다 못해 비참하기까지 하다. 여성 캐릭터의 미동 없는 시선은 시종일관 오프 스크린(화면 밖)을 응시하며 모든 것을 체념한 듯 무표정하다.

〈겨울여자〉의 이화(장미희)는 자신을 짝사랑하다가 자신이 허락하지 않자 자살한 청년에 대한 죄책감을 씻기 위해 원하는 누구에게라도 몸을 허락하며 살기로 한다. 그녀에게 섹스는 순교에 가까운 의식인 것이다. 영화에 몇 차례 등장하는 섹스씬에서 이화는 단 한 번도 본인의 감정을 표현하거나 오르가즘을 느끼지 않는다. 고나와 마찬가지로 천정에 고정되어 있는 그녀의 시선은 '의식'이 끝날 때까지 움직이지 않는다. 숨이 다한 물고기처럼 시선이 멈춰버린 여성 캐릭터와 그 위에서 강박적으로 호흡하는 남성 캐릭터의 네크로필리악한 necrophiliac; 시체 애호증적인 섹스씬은 호스티스 영화의 장르적 관습 중 하나다.

물론 당시 군사정권 하에서 영화검열과 문화적 정서란 것이 '즐기는 여성'의 모습을 허용하지 않았을 것이다. 그럼에도 불구하고 앞서 언급한 영화들과 함께 박스오피스를 강타했던 〈O양의 아파트〉나 〈꽃순이를 아시나요〉 등 여성 주인공을 전면에 내세우는 영화들의 섹스씬이라는 것이 고통 혹은 체념과 한으로 버무려진 인내의 과정으로 재현되는 것은 역설이 아닐 수 없다.

한편으로는 젊은 여성들의 '대 서사극'을 다룬 영화들이 봇물 터지듯 제작되고 10년이란 긴 세월 동안이나 메이저 스크린을 누비며 승승장구했다는 것이 부럽다는 생각이 교차하기도 한다. 그런 맥락에서 1970년대의 호스티스 영화들을 다시 꺼내보는 것은 작금의 눈으로도 꽤 즐거운 일이다. 적어도 자의 반 타의 반으로 도시로 이주해 수많은 노동시간을 견디며 생활고와 싸워냈던 현실의 시골 처녀들이 이름을 가진 캐릭터로 영화 속에 등장해 본인들의 아픔과 일상을 전하지 않았는가. 순진무구한 처녀들이 난생처음 도시에 올라와 종로와 명동에서 옷을 구경하고 극장을 기웃거리는 것을 보고 있으면 기분 좋은 웃음이 나온다. 마치 발터 벤야민의 《아케이드 프로젝트》에서 파리를 거닐던 "플라뇌르Flaneur; 도시 방랑자"의 시골 처녀 버전 같이 느껴지기도 한다. 정말 멋없는 섹스씬으로 판을 치지만 그마저도 자꾸 보고 싶은 이유다.

열다섯 번째 영화: <가시를 삼킨 장미>(1979)

근대화 프로젝트 성 모럴 그리고 여성

<가시를 삼킨 장미>(정진우, 1979)는 이른바 호스티스 영화, 시골 처녀가 도시로 상경해 술집여자로 전락하는 줄거리를 다룬 영화들(예: <영자의 전성시대>, <별들의 고향>, <꽃순이를 아시나요> 등) 전성기의 후반부에 제작되어 괄목할 만한 성공을 거둔 작품이라고 말할 수 있다. 1979년도 흥행순위 20위를 기록한 영화로 상업적으로 메가 히트작은 아니지만, 그 해 대종상 감독상을 받고 마닐라국제영화제에 초청받은 작품으로 적어도 이슈가 될만한 요소를 가지고 있었던 영화 임에는 틀림없다.

영화의 줄거리는 호스티스 영화의 기본 골자인 젊은 여성의 성적인 타락, 그에 따른 좌절과 죽음 등을 고스란히 답습한다. 주인공 장미는 일류대학(원작에서 이화여자대학교로 설정되어 있지만 당시 검열관들이 학

출처 네이버영화

〈가시를 삼킨 장미〉는 이른바 호스티스 영화,
시골 처녀가 도시로 상경해 술집여자로 전락하는 줄거리를 다룬
영화들 전성기의 후반부에 제작되어 괄목할 만한 성공을 다룬 작품이다.

교 이름을 언급하지 말라고 했다고 한다)을 다니고 있는 부유한 집 외동딸이지만 그녀는 한없이 자신의 인생에 대해 권태를 느끼고 이를 성적인 일탈로 채우고자 한다. 자신의 본가인 부산에 내려가는 도중 기차에서 우연히 만나게 된 유부남 신성일과 사랑에 빠진 장미는 그와 성적인 관계를 전제로 한 교제를 시작하지만 곧 그의 부인에게 발각되면서 절망하고 술집에 나가기 시작한다. 이를 알게 된 아버지의 강압적인 결정으로 정신병원에 갇혀있다가 나오게 된 장미는 얼마 지나지 않아 세호(한진희 분)를 만나 또 다시 사랑에 빠진다. 이 관계에서 역시 장미는 감정적인 성숙보다는 육체적인 쾌락을 원하고, 결국 남자의 아이를 갖게 된다. 세호는 자신의 엄마뻘 되는 늙은 여성과 동거하는 '기둥 서방'이었고, 이를 알아낸 장미는 낙태를 하려다 단념한다. 또 한 번 절망한 그녀는 거리를 헤매다가 아직 태어나지 않은 아기의 인형들을 사고 그것들을 품에 앉은 채 기차에 치어 삶을 마감하게 된다.

사실 호스티스 영화에 대한 글을 너무 많이 써왔지만 매번 줄거리를 쓸 때마다 낯이 뜨거워진다. 줄거리들이 매우 비슷한 것도 그렇거니와 여자들이 죽는 방법(대부분 자살)이나 이유(혹은 사고)들이 뻔뻔할 정도로 개연성이 떨어지기 때문이다. 마치 여자 주인공이 죽는 것은 공식처럼 정해져 있는데 참신한 방법이 떠오르지 않아 존재하는 (죽는) 방법들은 다 갖다 붙여보는 방식을 취한 것이 아닌가 싶다. 영화나 문화적 텍스트에 존재하는 "밝히는 여자는 죽는다"라는 공식을 제대로 벤치 마킹한 영화 장르 중 하나인 것은 분명하다.

위에 서술한 줄거리로 견주어 이 영화가 다른 호스티스 영화들과 다르다고 느끼는 독자는 많지 않을 듯하다. 다만 이 영화는 만드는 사람의 의도가 과연 그랬을지는 모르지만 영화를 '읽어'보는 입장에서 보면 매우 흥미로운 구조를 가지고 있다. 네러티브의 상징적 역할을 하는 두 가지 아이콘의 기능인데 이는 영화의 오프닝에 등장하는 아파트 그리고 마지막 엔딩의 기차다.

첫째로 영화의 오프닝 시퀀스는 거대한 아파트 단지를 부감·버즈 아이 뷰bird's eye view: 높은데서 바라보는 전경로 짧지 않은 롱 쇼트로 도시화된 주거지의 모습을 보여주는데 그러한 아파트씬은 이 영화에서 무수히 많이 등장한다. 그렇다면 왜 이러한 아파트 장면들이 이 영화를 읽는 중요한 골자가 되는가?

〈가시를 삼킨 장미〉가 제작된 1970년대 말은 박정희정권 하에 이루어졌던 영화법 제4차 개정(1973)이 이루어지고 난 이후이고 앞서 집행되던 악명 높은 이중검열과 엄격했던 실사검열이 유지되어 오던 시기이다(검열의 엄격함은 전두환정권기에도 유지되지만 3S 정책으로 영화의 성적인 재현의 가능 범위가 넓어지게 된다). 박유희의 연구에 의하면 박정희정권의 영화검열 기준 중 하나는 근대화의 친화적인 재현이었으며, 특히 빈곤이나 하층민의 생활상을 중점적으로 단속했다고 서술되어 있다.[6]

다시 말해 〈가시를 삼킨 장미〉에서 시도 때도 없이 등장하는 아파트 장면 혹은 그녀가 부산에서 신성일과 데이트를 하면서 간간히 비추어 졌던 부산대교(1976년 시공) 및 대형 아파트 단지들은 이 영화가 가지

---

6 박유희, 〈박정희 정권기 영화검열과 감성 재현의 역학〉, 역사비평, 99 (2012): 42–90쪽.

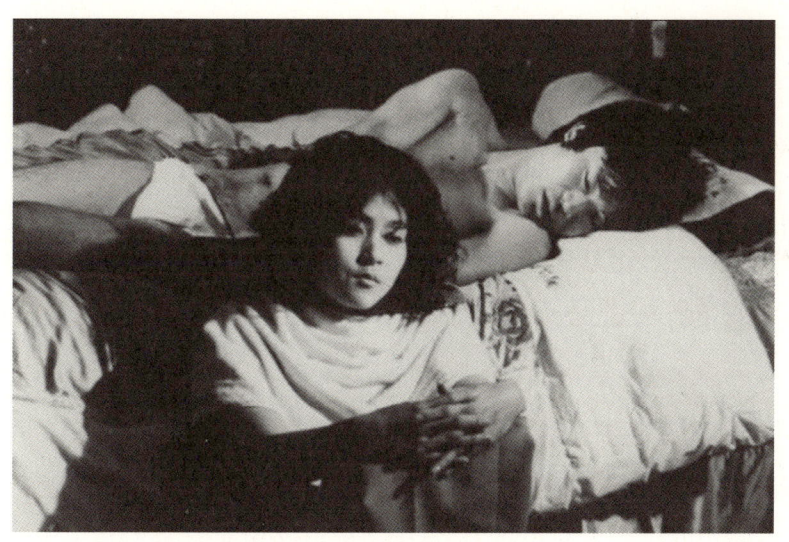

출처 KMDB

1960년대 대표 감독 김수용은 검열의 행패가 너무 심해
검열관들만을 위한 아부장면 끼워 넣어
자신이 구하고 싶은 장면들을 보호했다고 증언한 바 있다.
이는 간통, 여성의 성적 욕망 등 〈가시를 삼킨 장미〉가 가지고 있는
문제성 이슈들을 덮기 위한 일종의 전략적인 장치로
부산대교 및 대형 아파트 단지 장면을 넣은 것이다.

고 있는 문제성 이슈들(간통, 여대생의 매춘 행위, 여성의 성적 욕망)을 덮기 위한 일종의 전략적인 장치라고 할 수 있다. 1960년대 대표 감독 김수용은 검열의 행패가 너무 심해 검열관들만을 위한 희생샷이나 "아부샷" 등을 끼워 넣어 자신이 구하고 싶은 씬들을 보호했다고 증언한 바 있는데 이러한 아파트씬들 역시 그와 같은 맥락으로 볼 수 있을 것이다.

아파트 장면들의 또 하나의 중요한 기능은 근대화의 상징성이다. 매끈하게 지어진 복합 주거 지역인 아파트의 등장은 한국사회에서 근대화의 상징으로 적합한 심볼이고, 이는 영화에 등장하는 또 하나의 중요한 근대성의 상징인 '기차'와 동일한 콘텍스트로 사용된다.

뤼미에르 형제가 영화를 처음 만들었을 때부터 시작해 (예: 〈기차의 도착The Arrival of a Trai〉, 1896), 수많은 무성 영화들과 서부 영화들에서 기차 혹은 기차길은 근대성의 상징이며 시대의 변화를 상징해왔다. 한국에서도 기차는 근대사에서 주된 산업화의 역군 역할을 수행했고, 특히 1970년대 초 국가 주도 산업화 기간 동안 수많은 지방인구, 특히 시골 출신 젊은 여성을 공업단지로 이주시키는 데 큰 기여를 했다. 예를 들면 윤여정이 악랄한 하녀 역할로 나오는 〈화녀〉(김기영, 1971)를 보면 그녀가 서울로 상경하는 기차 안에서 친구에게 자신의 꿈에 대해 말하는 장면이 나온다.

영화 〈가시를 삼킨 장미〉에서 기차는 의미심장한 일종의 복선으로 등장 하는데, 장미가 처음 성적으로, 윤리적으로 타락하게 되는 것은 그녀가 결혼한 남자 신성일을 기차 안에서 유혹하면서부터이다. 그와의 관계 이후로 그녀는 점차적으로 추락하게 되고 (술집 메이드 → 정신병원 → 임신 → 죽음) 결국 그녀의 인생은 기차 사고·자살로 마감하게 된다. 영화는 그녀가 기차에 치여 죽는 것을 자살인지 혹은 사고인지 명확하지 않게 처리했다. 기차가 장미를 향해 달리고 그것을 본 장미가 떨어진 인형을 주우며 자신을 향해 치닫는 기차를 넋 나간 표정으로 물끄러미 바라본다. 그리고 그녀의 얼굴 클로즈업에서 영화는 끝이 난다.

결국 장미가 자살로 생을 마감한 것인지 혹은 미쳐 피하지 못해 사고사한 것인지는 관객 각자가 판단할 부분이지만 영화는 초기 호스티스 영화에서 보여졌던 젊은 시골 출신 여성들이 산업화 과정에서 희생되어 갔던 현상을 또 하나의 장치로 보여준 셈이다.

〈가시를 삼킨 장미〉는 엄밀히 말해 웰 메이드 영화라고 하기엔 허술한 점이 너무나도 많은 그냥 그런 치정 영화로 치부하기 쉽지만, 이 영화가 아파트와 그 외 근대화 과정에서 급성장했던 건설 분야의 산물들인 고속도로, 다리, 재개발 지역 그리고 기차 등을 배경과 소재로 삼은 것은 꽤 인상 깊은 시도라고 할 수 있겠다.

열여섯 번째 영화 : <묘녀>(1974)

통제와 전복이 만나다

앞서 언급했던 하길종 감독의 데뷔작인 <화분>을 공동 각색하기도 했던 홍파는 '영상시대'(1975)를 주도했던 동인들 중 한 명이다. '영상시대'는 영화평론가 변인식과 영화감독 김호선, 이장호, 하길종, 홍파, 이원세(이후 홍의봉)가 연대하여 결성한 동인체의 명칭이자, 이들이 선언문 낭독과 함께 공식적으로 발족한 1975년 7월 18일부터 계간지 <영상시대> 여름호가 발행된 1978년 6월 30일까지 약 3년여의 기간 동안 지속되었던 청년영화운동이다[7].

홍파는 1970년 <서울신문> 신춘문예에 시나리오, '몸 전체로 사랑을', 1971년 영화평론 '영화를 보는 눈'에 이어, 1972년 <동아일보> 신

---

7   안재석, <청년영화 운동으로서의 '영상시대'에 대한 연구>, 중앙대학교 석사논문, 2001년, 7쪽

춘문예에서 시나리오, '사람을 찾습니다'로 당선되었던 시나리오 작가 출신으로 정부의 만행적 영화검열과 통제정책을 비판하고 새로운 영화를 만드는 것을 도모하고자 이들과 연대했다. 동인들과 공저한 글에서 홍파는 영화검열이 "핵심적인 예술적 영상을 소아병적으로, 신경질적으로 잘라낸다는 것은…, 진취적이며 개혁적인 영상작가의 순수하고 풍부한 발전의식을 완전히 소멸시켜 버리는 커다란 바보스러운 악덕惡德"이라고 비판하기도 했다[8]. 그의 연출 데뷔작〈몸 전체로 사랑을〉의 흥행 실패 후 그가 영상시대 운동의 시작과 함께 재기 작으로 선택한 작품은 공포 스릴러〈묘녀〉(1974)다.

〈묘녀〉는 한국의 토속신앙을 공포 장르에 접목한 작품으로 김문수의 소설《증묘》를 영화화한 작품이다. 영화는 '증묘 의식'(고양이의 원혼을 이용해 증오의 대상을 죽이는 의식)으로 일어나는 미스터리 연쇄살인을 다룬다. 〈묘녀〉의 여주인공 '고여사'(선우용녀)는 과거에 살던 마을에서 결혼 첫날밤에 원인불명의 사고로 남편을 잃는다. 그녀는 남편이 죽은 이유가 그녀를 사모했던 '훈'의 아버지가 증묘 의식을 치러서였다는 것을 알게 된다. 고여사는 같은 방법으로 고양이의 원혼을 이용해 훈의 아버지를 죽이고 고아가 된 훈을 데리고 서울로 올라가 정착한다. 성인이 된 훈은 고여사의 동거인이자 애인으로 살아가고 있지만 늘 탈출을 꿈꾼다. 그러나 그가 욕망을 품는 다른 모든 여성은 고여사의 저주에 의해 살해된다. 훈은 종종 고여사가 증묘 의식을 위해 사육하고 있는

---

[8] 안재석, 앞의 논문, 12쪽

출처 네이버영화

독재정권 하의 영화통제가 극에 달하던 시절,
눈에 띄는 에로티시즘과 더불어
제도적 관습을 모두 전복하는 공포영화,
〈모녀〉가 세상 밖으로 나왔다는 것은 아이러니가 아닐 수 없다.

고양이와 교차편집되며 클로즈업으로 보여지는데 이는 훈을 고여사, 혹은 여성의 성적 쾌락을 위한 재물이자 희생자로 등치 시키는 영화적 설정으로 해석된다.

영화는 (고여사에 의해 살인된 것으로 추정되는) 시체, 검은 고양이를 안고 있는 고여사, 고여사와 정훈의 정사신, 무당의 굿을 지켜보는 정훈의 어린 시절 모습 등 과거와 현재를 오가는 흑백의 스틸 사진들을 보여주며 시작된다. 사진 위에는 금속으로 된 체인이 동물의 우리처럼 놓여 있는데 그 체인 사이에 인물의 얼굴을 배치한 것은 등장인물들이 무언가에 얽혀 있다는 것을 상징하려는 은유일 것이다. 스토리는 훈을 유혹했던 여자들이 차례로 죽는 연쇄살인사건으로 전개된다. 영화의 중반부는 훈과 고여사의 과거 플래시백을 보여주며 사건의 실마리를 드러낸다. 고여사는 과거에 훈의 아버지가 죽인 남자의 신부였고, 그 복수로 고여사는 증묘 의식을 통해 훈의 아버지를 살해한 전적이 있다. 마을을 도망치면서 고아가 된 훈을 데리고 나온 고여사는 그가 성인이 되길 기다렸다가 정부로 삼고 훈과 관계가 있는 여자는 제거한다. 남편을 살인한 자를 죽이고 그의 아들, 훈을 철저히 소유함으로써 2대代에 걸친 복수를 하고 있는 셈이다. 억울하게 죽임을 당한 여성이 원혼이 되어 복수하는 일반적인 고전 공포영화 속 여귀의 사후 복수 post-human revenge는 생전의 복수로, 금욕적인 처녀(귀신) 캐릭터는 자신의 성적 욕망을 복수의 수단으로 삼는 능동적이고 치명적인 여성으로 변모한 것이다.

〈묘녀〉는 여성의 성적 욕망을 파격적인 수위로 묘사한다. 이는 자신의 성욕을 충족하기 위해 훈을 소유하고 독점하려는 고여사에 국한된 것이 아닌, 훈의 주변 여성 캐릭터들(훈을 노골적으로 유혹하는 다방 여급, 이발소 직원, 훈의 출판사 동료 등)에게도 공통적으로 보여지는 양상이다. 이들은 때와 장소를 가리지 않고 훈의 몸을 탐한다. 상대적으로 훈은 의기소침하고 여성들의 성적 욕망을 두려워하는 소극적 캐릭터, 즉 희생양의 역할에 머물고 있다. 훈을 사모하는 이발소 직원이 훈의 집으로 무작정 찾아올 때도, 출판사 동료가 그를 여관으로 끌고 갈 때도 훈은 회피하거나 침묵으로 일관, 혹은 수동적으로 반응만 하는 정도다. 즉 영화가 추구하는 에로티시즘이 모두 여성 캐릭터에 의해 주도되고 재현되는 것이다.

결국 고여사가 아닌 다른 여자 (출판사 동료)의 유혹에 넘어가 하룻밤을 보낸 훈은 집으로 돌아오는 길에 차에 치여 죽고 만다. 영화는 "저를 동물학대로 체포할 건가요?"라고 형사에게 말하는 고여사가 사실상 중묘 의식으로 훈을 죽였다는 암시를 남기며 결말을 맺는다.

〈묘녀〉, 〈캣 피플〉(자크 투르뇌르, 1942)과 같이 '여성 괴물'을 내세운 호러영화female monster horror films에서 여성의 섹슈얼리티는 괴물, 혹은 '괴물성monsterosity'을 구축하는 요소로 사용된다. 스티브 닐은 정신분석학적인 맥락에서 여성 성female sexuality이 남성에게는 욕망의 대상이자 남근적 성과 다르다는 점에서 오는 두려움의 대상이기 때문이라고 주장하기도 했다.[9]

〈묘녀〉에서 드러나는 '괴물화'된 고여사(그리고 여성캐릭터들)의 성적

---

9   스티브 닐(Steve Neale), "The Monster as Woman: Two Generations of Cat People," 《The Dread of Difference》, Ed. Berry Keith Grant, (Austin: U of Texas Press), 1996.

욕망을 바탕으로 한 에로티시즘은 영화의 주 동력으로써 그리고 공포의 원천이자 도구로써 다층적으로 기능한다.

홍파의 공포영화는 섹슈얼리티와 에로티시즘이 눈에 띄게 강조된다는 점에서 1960년대의 공포물과는 차이를 보인다. 성적 재현을 담은 부분들에서 관찰되는 공통된 경향은 에로티시즘의 주체가 남성이 아닌 여성이라는 사실이다. 이들은 남성에게 종속되거나 복종하는 캐릭터가 아닌 남편을 리드하거나 원하는 상대를 쟁취하고 소유하는 등의 능동적인 인물들이다. 예컨대 신상옥 감독의 〈백사부인〉, 이용민 감독의 〈목 없는 미녀〉 같은 작품 역시 여성, 혹은 여자귀신을 주인공으로 전면에 내세우고 있지만 이 영화들에서는 에로티시즘이 강조되지 않고, 여성 캐릭터들 역시 멜로드라마에서 흔히 볼 수 있는 순종적이고 지고지순한 여성들이다. 〈백사부인〉의 경우 인간 남편에게 연민을 느끼는 백사가 남편을 죽이라는 마왕의 명령을 어기고 '지아비'를 지켜내는, 다시 말해 가부장적인 가치를 수호하는 무성적asexual이며 유교적인 여성이다. 도금봉이 맡은 〈목 없는 미녀〉의 귀신 캐릭터 역시 억울하게 죽은 남편의 복수를 하고 남편의 살인자에 의해 키워지는 딸을 보호하는 헌신적인 '현모양처'의 전형을 따른다. 이런 점에서 〈묘녀〉의 접근이 이들 선대의 공포영화들과는 캐릭터 설정과 내러티브 면에서 전면으로 대치된다고 볼 수 있다.

독재정권 하의 영화통제가 극에 달하던 시절, 눈에 띄는 에로티시즘과 더불어 제도적 관습을 모두 전복하는 공포영화가 세상 밖으로 나왔다는 것은 시대의 아이러니가 아닐 수 없다. 더구나 살인을 일삼는 심지어 여주인공이 처벌받지 않는 엔딩의 영화가 검열의 제재를 받지 않왔다는 사실은 매우 놀랍지만 앞의 언급과 비슷한 맥락에서 이 영화의 프레임이 사실주의에 기반을 둔 것이 아닌 판타지에 기반을 둔 호러·공포 영화이기에 가능한 재현이었을 것이다. 결과적으로 유신 출범 2년차에 나왔던 〈묘녀〉는 통제의 정점에서 배태된 가장 진보적인 영화가 아닐까 생각된다.[10]

---

10 "밝히는 여자는 죽는다"라는 공식은 불문율처럼 신봉되던 대중영화의 내러티브적 장치다. 일제 통치기간에 제작된 조선 영화 〈미몽: 죽음의 자장가〉(1936)에서부터 〈별들의 고향〉(1974), 〈가시를 삼킨 장미〉(1979) 등 1970년대 호스티스영화를 거쳐 〈뻐꾸기는 밤에 우는가〉(1980), 〈앵무새 몸으로 울었다〉(1981) 등 1980년대 에로 사극에 이르기까지 성적으로 자유분방한 여성들, 혹은 성적으로 희생된 여성의 말로(末路)는 모두 죽음이거나 사회적 퇴출(실종, 가출 등)이었다.

열일곱 번째 영화: <수녀>(1979)

김기영식_式 성인용 국책영화

1960~1970년대 등의 지극히 작위적인 시대적 분류를 제외한다면 김기영 감독의 작품들은 그 어떤 범주로도 묶을 수 없는 작품들이다. 흔히들 그의 작품을 '컬트영화'로 분류하거나 칭하지만 그것은 김기영의 작품이 만들어진 후 형성된 문화적 팔로윙과 관객성을 기반으로 하여 지칭된 것이므로 그의 영화적 미학이나 작가론적인 맥락에서 적확히 붙여진, 총체적 분류로 보기 어렵다. 그럼에도 김기영 영화들에 공통적으로 존재하는 하나의 키워드가 있다. 그것은 바로 '여자'다. 김기영의 이름을 알리게 된 〈하녀〉(1960)와 함께 이른바 '녀' 시리즈로 불리는 〈화녀〉(1971), 〈충녀〉(1972), 〈수녀〉(1979), 〈화녀82〉(1982)를 비롯해 〈이어도〉(1977), 〈살인나비를 쫓는 여자〉(1978) 등의 작품들은 모두 여성을 메인 캐릭터로 하고 여성의 성적, 사회적

욕망을 내러티브의 주요 동기로 삼는다. 이 작품들 중 〈수녀〉는 그가 신한문예영화사라는 영화사를 내고 제작한 첫 작품으로, 김기영만의 강한 여성캐릭터와 섹슈얼리티를 보여주면서도 당시 박정희정권에서 주도했던 우수영화정책에 부합하려는 양상이 드러나는 역설적인 작품이다.

〈수녀〉는 말을 더듬지만 비상한 손재주를 가진 순옥(김자옥)과 월남전 상이군인, 진석(김정철)이 선을 보는 것으로 시작된다. 한쪽 다리를 쓰지 못해 일자리를 얻을 수가 없는 진석은 순옥이 마음에 들지 않지만 순옥의 아버지의 회유로 결혼을 하게 된다. 가난한 농촌생활에 염증이 나기 시작한 진석은 순옥에게 짜증을 부리기 시작하고 이를 보다 못한 순옥의 아버지는 순옥에게 대나무를 가져다 준다. 순옥은 대나무로 바구니를 만들어 팔기 시작하고, 반응이 좋자 진석은 마을여자들을 동원해 사업을 확장한다. 죽세공업으로 마을은 활기에 차고 진석은 트럭으로 상품을 운반하여 버젓한 사장이 된다. 집에 돈이 쌓이면서 진석은 술에 손을 대기 시작한다. 그렇게 알게 된 술집 마담, 추월(이화시)은 진석을 유혹해 그의 돈을 가지고 도망가려는 음모를 꾸민다. 결국 추월의 꼬임에 넘어간 진석은 순옥을 바닷가로 유인하여 죽이려 했다가 자신의 잘못을 깨닫고 순옥에게 사죄한다.

주인공이 농촌출신의 젊은 여성이라는 것을 제외하고 〈수녀〉는 김기영의 전작들과 완전히 다른 배경과 설정을 가진 영화다. 영화의 중후반부까지 집착적인 성욕을 가진 여성 캐릭터도, 살인도, 시체도 등장하지 않은채 영화는 죽세공업으로 집안을 일으키는 젊은 주부와 그의 동료들의 협동을 그린다. 이는 김기영이 자신의 인터뷰에서 밝혔듯, 당시

출처 네이버영화

〈수녀〉는 김기영만의 강한 여성캐릭터와
섹슈얼리티를 보여주면서도
당시 박정희정권에서 주도했던
우수영화정책에 부합하려는 양상이 드러나는 역설적인 작품이다.

유신정권하에서 주도했던 우수영화보상제도와 무관하지 않다. 특히, 집단노동의 미화와 순옥이 만든 죽부인이 남미수출로 이어지는 대목은 우수영화로 선정되곤 했던 국책영화들이나 새마을영화들의 전형적인 양상을 띠는 대목이다.

그러나 궁극적으로 새마을영화도 김기영이 만들면 다르다. 진석이 추월에게 빠져들면서 그는 자신의 불구로 인해 내색하지 못했던 성욕을 분출하는데 이는 두 차례 등장하는 진석과 추월의 숲속 정사씬에서 적나라하게 드러난다. 대나무숲으로 진석을 유인한 추월은 나무에 걸터 누워 진석을 노골적으로 유혹한다. 추월의 빨간 치마를 노려보던 진석은 엎드려 누워있는 추월의 엉덩이를 발로 지려 밟는다. 추월의 손이 허공을 허우적 거리면 진석이 추월에게 돌진한다. 대나무숲의 진동이 하이 앵글로 보여진다. 이 씬은 김기영 영화들의 그로테스크하면서도 코믹한 미장센을 사랑하는 관객이라면 웃지 않을 수 없는 장면이기도 하다. 특히 진석이 추월의 엉덩이를 밟을 때마다 대나무의 진동으로 다시 튀어오르는 것을 반복하여 보여주는 클로즈업은 "흥행도 되고 우수영화도 통과하지 않겠냐는 계산"으로 이 영화를 만들었다는 그의 답이 무색할 정도로 아찔한 장면이기도 하다.

〈수녀〉가 많이 알려지지 않은 것은 안타까운 일이다. 김기영의 다른 작품들에 비해 맹숭맹숭한 면이 없지 않으나 이 영화만큼 군사정권기의 통제적인 영화정책과 작가주의가 정면으로 부딪히는 예도 없기 때문이다. 특히 군데군데 삐져나오듯 등장하는 김기영 표 섹스씬들은 이 영화의 백미라 할 수 있다.

열여덟 번째 영화 : <꽃순이를 아시나요>(1977)

1970년대 호스티스 영화 포스터의 성적 코드 그리고 여성의 희생 담론

"꽃이 나비에게 꿀을 바치듯, 최수희는 사랑만을 주었다. 누가 그녀를 아프게 하는가. 남성이여, 당신은 죄가 많다!"

〈26X365=0, 노세한, 1979〉

"아… 아파요. 꺾지 마세요. 그냥 보기만 하세요. 향내만 맡으세요."

〈꽃순이를 아시나요, 정인엽, 1977〉

"우리가 만난 여자, 우리가 사랑한 여자, 우리가 버린 여자, 영자"

〈영자의 전성시대, 김호선, 1975〉

위의 광고 카피들은 1970년대 흥행 몰이를 했던 '야한 영화들'의 지면 광고와 포스터 카피들이다. 특히 극장가를 휩쓸었던 호스티스 영화들의 광고는 대부분 성적으로 과장된 단어들과 이미지들이 수반되곤 했다. 일반적으로 여자 주인공의 반라의 모습과 유혹적인 포즈가 정면 배치되고 여성의 성기를 상징하는 아이콘들(조개, 장미 등)과 '꺾다', '아프', '버리다'등의 가학적인 수사들이 측면에 배치되었다.

한글을 사용한 문구들이 많이 눈에 띄는데 이것은 당시 박정희의 민족문화 발전 사업 중 하나의 일환으로 한글 사용의 전폭적인 권장에 대한 영향을 받았다고 할 수 있다. 외래어의 사용을 금한 것이다. 이로 인해 한문 보다는 한글이 쓰였고 영어로 된 외래어가 영화 대사에서 검열 대상이 되기 시작했다 (예: 김호선 감독의 〈여자들만 사는 거리〉의 검열기록을 보면 외래어를 순 한국말로 바꾸라는 검열관의 지시가 포함되어 있다). 따라서 '뼈와 살이 불타는 밤', '꺾지 마세요! 아파요', '누가 이 여인에게 돌을 던졌는가' 등의, 지금 기준에서 보면 다소 유치한 구어체 형식의 한글 문장들이 포스터를 뒤덮게 되는 것이다.

스타일 면에서, 1970년대 영화의 광고는 과거 1960년대 광고들에 비해 시각적으로 단순화·캐릭터화된 양상을 보인다. 선대의 지면 광고 디자인들이 다수의 출연 배우들의 이름과 여러 일러스트레이션들을 '널어놓기'식으로 무질서하게 배치했다면 1970년대 호스티스 영화의 광고들은 반라에 가까운 여자주인공을 극대화하여 중앙에 배치하고 그녀를 둘러싼 상징적 아이콘을 중첩하는 식이었다. 이렇게 단순화된 이미지들은 성적으로 '고농축'된 이미지들로서 보는 이의 시선을 가두는데 효과적인 역할을 했을 것이다.

이러한 '몸의 전시'에 대해서 유지나는 그의 저서,《한국영화, 섹슈얼리티를 만나다》(여성 몸의 장르: 근대화의 상처, 2004)에서 호스티스 영화의 일러스트와 자극적인 광고카피들은 전략적으로 여성의 성기 주변에 배치된다고 주장한다. 1970년대 호스티스 영화 광고에서 주로 사용됐던 아이콘들은 앞서 언급했던 꽃, 조개, 딸기 등으로 여성의 성이나 성기를 상징하는 (남성적 시선에서의) 성적 메타포들로 간주할 수 있다. 이러한 성 묘사의 가장 큰 문제점은 남성에게 익숙한 언어와 심볼을 사용함으로서 남성적 관객성을 형성함과 동시에 남성을 주체화하고 여성을 대상화하는 이분법적 논리를 설파한다는 것이다.

비슷한 맥락에서, 성적 이미지들은 가학적이면서도 여성의 희생을 강조하는 문구들과 수반되는 경우가 많다. 예를 들어 "우리가 만난 여자, 사랑한 여자, 그리고 버린 여자, 영자!"〈영자의 전성시대〉, "많은 남자들이 은자를 버렸지만 그녀는 미소로 그들을 떠나보냈다.〈미스 양의 외출〉", "우리 모두 그녀를 사랑했다.〈미스 O의 아파트〉", "꽃이 벌에게 꿀을 주듯 최수희는 사랑을 주었다. 누가 그녀를 아프게 하는가? 그 이름은 남자! 당신은 유죄.〈26X365=0〉" 등의 카피라인에서 여성은 남성에게 버려지는 존재지만 '미소'나 '사랑'으로 응대하는 성녀의 양상을 보인다.

결과적으로 남성의 죄의식은 엄연히 존재하지만 결국 그녀의 착한 천성으로 그들의 '죄'는 사함을 받는다. 이러한 '베품'의 양상은 〈꽃띠여자〉(1978) 의 광고카피에서 가장 현저하게 드러난다. "나는 신이 한 남자를 위해 36-24-36의 몸을 주었다고는 생각하지 않는다." "(나는) 애인 면회 꼬박꼬박 가는 여자" 등의 카피에서 여성은 남성이 '빼앗아야 할 행운'으로 남성이 어떻게 그녀를 대하든 간에 늘 사랑으로 응대하는 존재인 것이다 (깊은 논의는 같은 책,《한국영화, 섹슈얼리티를 만나다》,

출처 네이버영화

호스티스 영화의 제작 붐이 광고, 잡지, 신문 등으로
산업화되면서 여성의 성적인 희생 담론이
하나의 문화적 현상으로 퍼져나갔다고 볼 수 있다.
다행인 것은 이러한 종류의 '서글픈' 포스터들이
과거의 산물이 되었다는 것이다.
그럼에도 불구하고, 남자 배우들이
작품 속 캐릭터의 특징으로 부각되는 반면
여자 배우들은 외모로 강조되는 경향이 없지 않다.
이제는 어루만지고 싶은 포스터가 아닌
어루만져주는 영화 포스터를 보고 싶다.

여성 몸의 장르: 근대화의 상처, 2004를 참조 바람).

호스티스 영화 광고에서 드러나는 또 하나의 주목해야 할 양상은 여성의 존재가 '과거의 산물'로 현재에서 배제되어 과거 시제로 존재 하거나 ("모두가 사랑했던 영자"), 공공영역에서 완전히 배제된 형태로 등장한다는 점이다 (예: "이화는 모두에게 속하지만 아무에게도 속하지 않는다", "문 좀 열어 주세요"). 이런 의미에서 여성은 남성의 쾌락을 위해서 시각화되어야 하는 것과 동시에 현실적으로는 배제되어야 하는, 이중적이고 판타지적인 존재가 된다.

이러한 모든 면을 종합해 볼 때, 여성을 향한 이중적인 시선(쾌락의 대상임과 동시에 죄의식의 원천, 배제 대상)은 산업화 기간 동안 희생 혹은 강요되었던 여성의 성에 대한 남성의 집단적인 정서와 연결지어 볼 수 있다. 박정희 집권 하의 산업화 기간 동안 수많은 여공들이 접대부로 전락하거나 관광사업 육성을 위한 관기(관광기생)로 모집되었다. 또한 미군부대의 유치기간을 늘리기 위한 일환으로 박정희 정권에서 부대 주변의 집창촌을 의도적으로 방치한 것도 비슷한 의도로 간주할 수 있을 것이다. 당시 수많은 젊은 여성들이 가족이나 국가를 위한 '대의大義'를 위해 희생되었고 그들을 주인공으로 한 호스티스 영화의 제작 붐이 광고, 잡지, 신문 등으로 산업화되면서 여성의 성性적인 희생 담론이 하나의 문화적 현상으로 퍼져나갔다고 볼 수 있다.

안타까운 것은 이러한 영화 포스터의 경향이 비단 여자를 주인공 혹은 '대상'으로 하는 호스티스 영화에만 쓰인 것은 아니다. 1980년대 에로영화 붐이 일면서 소위 성애영화뿐 아니라 일반 멜로영화나 혹은 야하지도 않은 공포물들까지 여성 캐릭터의 몸에 코멘트를 붙이는 식의 광고카피를 관습적으로 차용하고 발전시켜 더욱 가학적으로, 빈번히 영화 포스터의 일면들을 장식하게 된다.

다행인 것은 이러한 종류의 '서글픈' 포스터들이 과거의 산물이 되었다는 것이다. 특히 2000년대로 접어들면서 한국영화 포스터들은 그 자체로의 작품으로 보고 싶을 정도의 도약을 보여주었다. 그럼에도 불구하고, 남자 배우들이 작품 속 캐릭터의 특징으로 부각되는 반면 여자 배우들은 외모로 강조되는 경향이 없지 않다. 이제는 어루만지고 싶은 포스터가 아닌 어루만져주는 영화 포스터를 보고 싶다.

제4장 ●

1980년대
여성 소비주의 시대에서의 관습화와 상업화

1980년대에 들어 소비주의가 정점에 오르면서 헐리우드 역시 영화 상품화 전략을 고안하게 된다. 그중 하나는 시리즈화, 즉 흥행에 성공했던 영화를 판형을 찍어내듯 프랜차이즈 형식으로 복제하는 것이다. 열 편 이상 제작되었던 〈13일의 금요일〉과 아홉 편의 시리즈물을 남긴 〈나이트메어〉 같은 공포영화의 프랜차이즈화는 이후 성공한 공포영화의 전통으로 자리 잡기도 했다. 장르는 다르지만 시리즈의 예로 한국에서는 비슷한 시기에 탄생한 〈애마부인〉 시리즈를 들 수 있다. 시리즈물의 특징은 장르적 관습과 시리즈물 고유의 관습이 지켜져야 한다는 것인데 그중에서도 여성의 성 재현은 이 두 장르에서 변주가 이루어지지 않거나 허용되지 않는 요소로써 오히려 점차 착취적 형태로 고착되었다. 본 장에서 분석하는 영화들의 경향은 장르와 아젠다를 초월하여 수호되었던 여성 섹슈얼리티 재현에 있어서의 관습화와 상업화를 조명한다.

열아홉 번째 영화 : <구미호>(1994)

한국 공포영화의 처녀귀신과 미국 공포영화의 연쇄살인범으로 보는 '부재'에 관한 통찰

공포 장르는 문학으로도 영화로도 넓은 층에게 흥미로운 주제임과 동시에 많은 영화학도들이 한번쯤은 달려들게 되는 일종의 관문 같은 분야다. 특히 공포물의 중추인 괴물, 귀신, 유령 혹은 살인마 등 공포의 원천이 되는 주체는 언제나 신비롭고 매력적이다.

그러나 보여지는 귀신·괴물의 그로테스크함 이면의 정체성은 다층적이다. 영화학자 로빈 우드Robin Wood는 이러한 공포의 대상은 사회에서 가장 억압받는 계층(유색인종, 여성, 하류층, 동성애자 등)이 괴물화 되어 영화로 재현되는 경향이 있다고 분석한 바 있다.[11] 그는 이 주장을 바

---

11 Robin Wood, "The American Nightmare: Horror in the 70's," 《Hollywood from Vietnam to Reagan— and beyond》(Chichester: Columbia UP, 2003)

탕으로 〈텍사스 전기톱 살인 사건〉의 노동계급 살인마, 프랑켄슈타인 시리즈에서의 외국인 괴물 등을 예로 들었다. 그렇다면 한국의 수많은 설화와 영화에 출현했던 여자귀신과 서양 공포영화에서 등장했던 연쇄 살인마는 어떤 맥락으로 읽어볼 수 있을까.

백문임은 여자귀신이 사또에게 한을 하소연하기 위해 밤마다 등장하는 것은 현생에서는 통제되는 여성들의 입과 귀가 죽어서야 그 기능을 할 수 있음을 시사함으로써 억압된 여성의 삶과 욕망을 재현한 것이라고 주장한다.[12] 또한 여귀가 종종 울음소리보다 웃음소리로 공포를 가중화하는 것에 대해서 "평범한 인간들이 지르는 비명과 대조를 이루면서 이제 여귀가 우월하고 능동적인 위치로 옮겨갔음을 공표하는 동시에 공포영화라는 장르가 공공영역에 청각장을 여성의 웃음소리로 메우는 유일한 장르임을 표명하는 것"이라고 기술하였다.[13] 그럼에도 불구하고 상당수의 공포영화에서 (웃어 젖히는 여자귀신보다) 흐느끼는 여자귀신이 더 빈번했으며 우는 여자귀신의 관습이 궁극적으로는 더 지배적이었다는 것을 고려했을 때 앞의 주장은 반론의 여지가 있으나, 여성의 웃음소리는 전통적으로 '적절치 못한 것'으로 받아들여졌고, 공포의 대상으로나 표현될 수 있었다는 논점은 설득력이 있어 보인다. 그런 의미에서 공포 장르는 여성의 능동성을 펼쳐 보일 수 있는 유일한 장이었던 것이다. 추억의 프로그램 〈전설의 고향〉에서 가장 인기있었던 에피소드 〈구미호〉(구전 설화로써 여러 차례 극화 및 영화화되었고 그중

---

12 백문임, 《월하의 여곡성: 여귀(厲鬼)로 읽는 한국 공포 영화사》, 책세상, 2008
13 앞의 책, 97쪽.

출처 네이버영화

한국 공포영화 포스터

공포영화들은 보여주지 않음으로써
보이는 문제의식들을 시사하기도 한다.
아이러니하게도 이승에서 부재해야 한을 풀 수 있었던 처녀귀신
그리고 공포영화 안에서 존재조차 하지 못했던 유색인종은
왜 그들이 그렇게 없어져야 했는지에 대해 생각하게 한다.

하나는 고소영과 정우성 주연의 〈구미호〉(1994)이다)를 예로 든다면, 구미호는 낮에는 참한 여인으로 분해 조용히 살다가, 밤이 되면 꼬리 달린 괴물로 변해 남자를 홀리고 잡아먹는 존재다. 그녀의 이중생활을 비교했을 때, 정작 그녀가 남자들 앞에서 군림할 수 있는 때는 여우로 변해 웃음으로 그들을 유혹할 때다. 다시 말해 인간으로서의 삶이 아닌 죽음의 자아를 가지고 있을 때 그녀는 권력을 갖게 되는 것이다. 이렇듯 '죽어야 강해지는 여성'을 주제로 한 공포설화나 구전동화는 구미호 이외로도 무수히 존재한다(예: 장화 홍련, 아랑 설화).

서양 공포물 그중에서도 미국 호러 장르 중 가장 흔한 연쇄살인마를 예로 들어 보자. 다수의 미국 호러물에서 살인마는 성 정체성이 모호한 남성으로 설정이 된다. 그들은 여성스러운 옷차림이나 메이크업을 하고 (〈양들의 침묵〉) 이성에 대한 두려움을 보이는 반면 어머니와는 집착적 혹은 의존적 관계에 있으며 (〈13일의 금요일〉〈싸이코〉), 소년의 모습, 즉 성장이 멈춘듯한 말투나 행동(〈할로윈〉)을 보인다. 또한 그들은 백인인 경우가 많고 그의 희생양 역시 유색인종보다는 같은 백인, 특히 2차 성징을 막 지난 어린 여성인 경우가 다수다. 이들의 살인도구를 보면 대부분 긴 칼, 도끼 등 남근 상징적인 무기가 주류이고, 주로 여성의 성감대(목덜미나 가슴 등)를 여러 차례 찔러 죽이는 공통적 양상을 보인다. 이러한 살인마들의 경향은 앞서 언급한 로빈 우드의 '억압된 집단의 괴물화'라는 주장의 맥락에서 읽어볼 수 있을 것이다. 그들이 공통적으로 전시하는 여성성 그리고 이를 살인마의 특징으로 설정하는 것은 호모섹슈얼리티에 대한 가부장적 시선의 강한 부정의 방증이자, 성적으로 모호한 살인마가 여성을 남근 상징적인 무기로 처단한다는 설정 역시 같은 자장 안에서 고려할 수 있을 듯하다.

그렇다면 미국 사회에서 비주류 그룹인 유색인종이나 장애인은 왜 기피 대상인 살인자로 자주 등장하지 않는가? 리처드 다이어Richard Dyer나 호미 바바Homi Bhabha 같은 학자들은 미디어의 인종 차별이 특정 인종에 대한 부정적인 스테레오 타입으로 드러나기도 하지만 가장 극단적인 방법은 아예 그 집단을 언급하지 않는 것, 즉 부정negation 혹은 부재화absence로 나타난다고 지적하였다. 1980년대 미국 호러물의 전성기에서 흑인이나 다른 유색인종들은 범인으로도 희생양으로도 거의 등장하지 않는다. 따라서 이들은 처녀귀신처럼 '귀환'하여 하소연조차 할 수 없는 사회에서 살고있었던 것이다. 사실상 흑인 혹은 여타 다른 유색인종의 캐릭터가 연쇄살인범, 혹은 희생자 역할로 주류 영화에 등장하게 된 것은 1990년대 이후 만들어진 〈스크림Scream〉(1999), 〈무서운 영화Scary Movie〉(2000) 시리즈 등이다.

어떤 특정 그룹이 부정적인 시선으로나마 재현되는 것이 나은지, 그렇게 보여지느니 아예 재현되지 않는 것이 나은지에 관한 이슈는 영화라는 매체가 탄생함과 동시에 수반되었던 논쟁이였다. 그리고 이 논쟁 안에 그룹들은 주로 유색인종과 동성애자, 여성 그리고 장애인들이었다. 앞의 예는 물론 미국의 케이스지만 여성캐릭터가 거의 등장하지 않거나 구색맞추기로 끼워져있는 영화 일색인 한국 역시 이 비판에서 자유롭지 못할 것이다.

이런 면에서 〈공포〉 영화는 보이는 매체visual medium임과 동시에 보이지 않는, 혹은 보여주지 않는 매체invisible medium이기도 하다. 이 영화들은 보여주지 않음으로써 보이는 문제의식들을 시사한 것이다. 아이러니하게도 이승에서 부재해야 한을 풀 수 있었던 처녀귀신 그리고 공포영화 안에서 존재조차 하지 못했던 유색인종은 왜 그들이 그렇게 없어져야 했는지에 대해 생각하게 한다. 관객을 한문으로 쓰면 볼 관觀, 손 객客이다. 즉 '보는 손님'이라는 뜻이지만 보이지 않는 혹은 보여짐을 거부당했을 수많은 영화 속 '그림자들'을 떠올리면 보는 것 이상의 초능력을 발휘하고 싶게 한다.

스무 번째 영화 : <어둠의 자식들>(1981)

'창녀 리얼리즘'의 암울한 신화

영화검열의 칼춤이 만연하던 1970년대. 유신헌법 제정 이후로 영화검열은 훨씬 더 혹독한 탄압을 받아야 했다. 이른바 '사회성 짙은 영화들' 혹은 현실 재현을 기반으로 한 영화들은 사전검열이나 제작 후 검열에서 무참히 잘려나갔다. 하길종 감독은 〈바보들의 선언〉(1975)과 〈수절〉(1973)을 포함, 검열로 인해 편집된 자신의 작품에 대해 "눈알과 입이 없고 팔다리가 하나씩 잘려나간 내 모습을 공개하는 것 같았다"고 탄식하기도 했다.[14] 그런 가운데 시골 처녀의 도시 상경기를 다룬 호스티스 영화는 매년 역대 한국영화 흥행 기록을 경신할 정도의 인기를 모았다.

---

14   박평식이 쓴 하길종 추모 글 참조. https://blog.naver.com/crehuman/90048038574.

출처 KMDB

술집 작부나 창녀를 주인공으로 한 영화들은 높아진 수위의 성 재현과
나름의 사회적 고발이라는 표제를 달고 극장가를 누볐다.
에로티시즘으로 중무장한 사회고발물이라는
기형적인 사이클이 태동한 것이다.
이장호 연출의 〈어둠의 자식들〉은 이 기묘한 조합을 반영하는 대표작이다.

1980년대 전두환정권기에 들어 정치·사회적인 재현에 대한 검열은 지속되었지만 성적 재현에 대한 규제가 완화되면서 에로영화의 전성기가 도래했다. 이는 비슷한 시기에 시작된 비디오 시장의 영향이기도 하다. 앞서 언급한 호스티스 영화 류, 즉 술집 작부나 창녀를 주인공으로 한 영화들은 높아진 수위의 성 재현과 나름의 사회적 고발이라는 표제를 달고 극장가를 누볐다. 에로티시즘으로 중무장한 사회고발물이라는 기형적인 사이클이 태동한 것이다. 이장호 연출의 〈어둠의 자식들〉(1981)은 이 기묘한 조합을 반영하는 대표작이다.

배경은 화려한 서울의 뒷골목이다. 급속한 경제 성장으로 번영을 누리고 있는 듯한 도시의 반쪽에는 가난과 불법이 판을 치는 빈민촌이 자리한다. 이 틈새를 채우고 있는 환락가에서는 도시의 윤택함을 누리지 못하는 자들과 그들의 애처로운 하룻밤을 책임지는 창녀들이 숨을 나누며 살아간다. 이들 중 하나인 영애(나영희)는 '가수'라는 별명을 가졌다. 영애는 시골출신으로 가수가 되겠다고 집에서 도망나왔으나 사기를 당해 서커스에 팔려가고 그곳에서 만난 남자와 결혼했던 과거가 있다. 가난 속에서도 딸이 유일한 희망이었지만 아이의 치료비를 마련하지 못해 죽음에 이르게 하고 서울의 한 창녀촌으로 밀려들어 오게 된 것이다.

영애의 하루는 쪽방 한 켠에 놓여있는 텔레비전에서 나오는 노래를 따라 부르며 시작된다. 손님이 들어오면 몸을 내주었다가 이내 텔레비전 앞으로 자리를 잡는다. 이곳에 들어온 창녀들 중에서도 영애는 빼어난 외모와 친절한 성격으로 단골이 가장 많은 아가씨여서 포주이자 창녀들의 보호자 노릇을 하는 사장의 편애를 한몸에 받고 있기도 하다. 쪽방 골목에는 비슷한 사연을 가진 창녀들이 비슷한 일상을 공유하며 살아간다. 그중에는 아이를 키우며 일을 하는 화숙(박원숙)도 있는데 영애에게는 그의 딸을 틈틈이 봐주는 것이 큰 낙이다. 운 좋게 아침에 손님 두세 명을 받으면 화숙의 아이를 데리고 나가 과자를 사주고 감기약을 먹이는 일은 영애가 죽은 딸에게 해주지 못한 일들의 속죄 의식이기도 하다.

알코올 중독인 화숙은 얼마 되지 않아 세상을 떠나고 고아가 된 아이 앞에서 영애는 망설인다. 결국 영애는 걸치고 있던 형형색색의 값싼 속옷 그리고 삶의 터전이었던 쪽방을 버리기로 한다. 그동안 모은 돈으로 구멍가게를 차리고 아이의 엄마가 되어주기로 한다. 그러나 호기롭게 시작한 영애의 새 삶은 오래가지 못한다. 아동보호소에서 아이를 찾기 시작하고 영애의 가게 주변 사람들은 창녀가 왔다며 수군댄다. 결국 아이를 뺏기고 가게도 하지 못하게 된 영애는 지긋지긋한 쪽빵 한 켠으로 돌아온다. 눈을 뜨면 싸구려 속옷을 걸치고, 낯선 남자들의 체취를 품는 일상이 다시 시작된다. 영화는 모든 창녀들이 마다하는 장애인 손님을 영애가 아이를 품듯 안아들고 자신의 방으로 데리고 들어가며 막을 내린다.

〈어둠의 자식들〉은 동명의 소설을 영화화한 것이지만 원작에서 동철이라는 남자 주인공이 바라보는 하류층의 묘사가 중심이었던 것을 영화에서는 주인공을 여성으로 바꾸고 에로티시즘을 강화했다. 노골적인 여성의 몸과 성 매매 재현에 있어서 동시대에 쏟아져나왔던 에로

영화 중 한 편으로 치부되기 쉬우나 경제개발 직후의 서울의 이면을 가감 없이 드러냈다는 점에서 영화적 성취가 없다고 할 수는 없을 것이다. 특히 현재의 회현동을 배경으로 당시 성행했던 사창가를 카메라에 그대로 담은 것은 놀랄만한 부분이다. 다만 이 영화가 1980년대 리얼리즘을 대표하는 영화 중 한 편으로 언급되는 것에는 불편함이 느껴진다. 주인공인 '영애'는 1980년대를 반영하는 현실적인 인물이라기보다 선대를 지배했던 호스티스 영화들에서 완벽히 구축되었던 여성의 희생 서사[15]를 성실하게 재현하는 신화적인 인물에 가깝기 때문이다.

영화는 결혼과 가정이라는 제도권에서 벗어난 '영애'에게 모성신화를 덧입혀 가부장식 (상징적) 순교를 강요하는 결말로 끝을 낸다. 영화의 말미에서 무언가를 깨달은 듯한 처연한 눈으로 영애가 장애인 손님을 갓난아이를 안듯 품고 방으로 향하는 장면은 분명 여성의 모성과 기독교적 메타포가 혼합된 다소 혼란스러운 엔딩이다. 궁극적으로 뒷골목의 삶을 배경으로 하는 '현실드라마'가 기존의 여성 희생담론을 되풀이 하는 모성 판타지로 마무리되는 것이다. 영화의 정체성만큼이나 불균질한 엔딩이지만 그럼에도 불구하고 혼재와 교차가 반복되는 재현양식에 있어서 유의미한 사고思考 지점을 전달하는 작품이었음은 분명하다.

---

15 저자의 선행연구 참조, Molly Kim, "GENRE CONVENTIONS OF SOUTH KOREAN HOSTESS FILMS (1974-1982) : PROSTITUTES AND THE DISCOURSE OF FEMALE SACRIFICE", 〈Acta Koreana〉, VOLUME 17 NUMBER 1 (2014.06).

스물한 번째 영화: <애마부인>(1982)

성애영화의 신호탄
말을 탄 부인, 극장가를 누비다

한국 현대사에서 1982년은 많은 변화가 일어났던 해로 기록된다. 전두환은 군사독재에 대한 저항을 무마하고자 우민화 정책을 수행한다. 집권 2년차에 실행된 이른바 3S Sex, Sports, Screen 정책은 정식 명칭이 아닌 '우민화 프로젝트' 하에 프로야구 창단, 야간통행금지 해지, 성적 표현에 대한 검열 완화 등이 표면화된 현상을 언론이 지칭하게 되면서 형성된 용어다.

야간통행금지가 해지되면서 심야영화 상영이 가능해지고 이 시간대를 메우게 된 것은 주로 애로영화들이었다. 특히 영화의 성적 재현에 대한 검열이 대폭 완화되면서 1980년대 초반 애로·성애영화의 제작 수는 급격히 증가하게 된다. 이윤종의 연구 논문에 따르면 1982년 기준 '한국 영화 총 제작수의 60% 가량이 성애영화로 분류될 수 있다'고

기록 된다.[16]

이러한 애로영화 봇물의 선두에 있는 작품 〈애마 부인〉(원제는 愛馬婦人이었으나 "馬, 말 마" 자가 음란하다는 검열의 요청으로 "麻, 삼 마" 자로 변경된 愛麻婦人으로 개봉되었다)은 1982년 2월 16일, 서울극장에서 단독 개봉했다. 영화는 개봉하자마자 엄청난 성공을 거두었고 단일관에서만 33만 5000명의 관객을 불러들이는 기염을 토했다.

영화는 부도를 낸 남편이 교도소에 가게되어 홀로 남은 중산층 여성의 성적 행각을 그린다. 주인공 애마(안소영)는 남편의 면회를 다니던 중 우연히 미대생(하재영)을 만나 사랑에 빠진다. 진정으로 사랑하게 된 미대생과의 관계를 유지하면서도 그녀는 같은 아파트에 사는 남자와 또 다른 관계를 갖는다. 시간이 흘러 남편이 출소하고 미대생은 애마에게 같이 프랑스로 도망가자고 제의하지만 끝내 애마는 남편의 아내로 남기로 한다.

1982년 첫 개봉 이후 총 12년 간 '11탄'까지 제작되며 성인영화의 대명사로 군림했던 만큼 〈애마 부인〉은 '볼거리'가 풍성(?)하다. 애마가 속이 훤히 비치는 옷을 입고 흰말을 타는 유명한 장면만 생각해도 애마 부인이 선대를 지배했던 호스티스 영화들보다 시각적으로 월등히 진화했음을 가늠하게 한다. 많은 사람들에게 애로영화의 정석, 혹은 텍스트 같은 작품으로 남아있는 〈애마 부인〉은 영화사적으로도 함유하는

---

[16] Lee Yun-Jong (이윤종), 〈Cinema of Retreat : Examining South Korean Erotic Films of the 1980s〉, University of California, Irvine, Doctoral Diss, 2012.

의미가 많은 작품이다.

　일단 〈애마 부인〉에서 눈여겨 보아야할 요소는 여주인공의 설정이다. 1970년대를 풍미했던 호스티스 영화의 여주인공들, 즉 시골에서 꿈을 안고 올라와 본인의 의지와는 상관없이 술집 여자로 전락하게 되는 비련의 성접대부에서, 중산층 가정 주부로 진보한 것이다. 이를 '진보'라고 보는 이유는 여성의 성적 행위가 1970년대의 선례들처럼 강요 되거나 특정 직업을 통해서 표현되는 것이 아닌 보편적 데모그래피를 대표하는 가정주부에 의한 것으로 미미하나마 발전했다고도 볼 수 있기 때문이다.

　또한 〈애마 부인〉을 혁신적으로 보게 하는 요소는 동성애의 재현이다. 가령 애마의 친구 에리카(김애경)가 애마와 나란히 누워 이야기를 나누는 장면에서 에리카는 애마의 가슴을 쓰다듬으며, "애마는 정말 예쁜 몸을 가졌어"라며 그녀의 육체에 대해 찬양한다. 이 장면은 단순히 여자친구들 사이의 흔한 대화의 묘사가 아닌 성적인 에너지와 뉘앙스로 가득하다. 카메라는 에리카가 애마의 몸을 만지는 손을 슬로우 워크로 따라가고 이내 그녀의 손이 애마의 가슴에서 멈춘다. 애마는 눈을 감고 친구의 도발을 즐기는 듯 보인다. 그리고 이 모든 묘사를 휘감고 있는 것은 애로영화에서 단골로 등장하는 정체 불명의 끈적끈적한 살롱 음악이다. 아무리 당시 검열이 영화들의 성적 재현을 완화했다고는 하지만 잘려나가지 않은 것이 신기할 정도로 노골적인 동성애 묘사다.

　〈애마 부인〉은 '아파트'가 중심이 되는 영화이기도 하다. 애마가 아파트의 이웃 남자 중 한 명과 얽히게 되면서 플롯의 상당 부분이 아파트에서 일어나기 때문이다. 박정희정권의 근대화 프로젝트의 일부로

출처 네이버영화

1970년대를 풍미했던 호스티스 영화의 여주인공들,
즉 시골에서 꿈을 안고 올라와 본인의 의지와는 상관없이
술집 여자로 전락하게 되는 비련의 성접대부에서,
중산층 가정 주부로 진보한 것이다.
이를 '진보'라고 보는 이유는 여성의 성적 행위가
1970년대의 선례들처럼 강요 되거나
특정 직업을 통해서 표현되는 것이 아닌
보편적 데모그래피를 대표하는 가정주부에 의한 것으로
미미하나마 발전했다고도 볼 수 있기 때문이다.

1970년대에 시작되어 1980년대에 급증하기 시작한 아파트를 반영한 것으로도 읽을 수 있겠지만, 더 가까운 근거는 1970년대 일본에서 인기를 끌었던 '단지 처' 영화들이다. 단지 처 영화는 니카츠 로망 포르노 영화들 중 아파트 단지에 사는 부잣집 주부 혹은 첩(아파트 단지에 두는 '처'라 해서 '단지 처'라는 이름이 붙었다)의 성적 일탈을 그려낸 하위 장르의 영화들을 말한다. 1970년대의 일본도 아파트의 건설이 본격적으로 증가했고 단지 안에서 대부분의 일상을 보내는 주부들이 늘어나면서 단지 처라는 장르의 영화까지 생겨난 것이다. 단언할 수는 없으나 단지 처 영화들의 엄청난 성공과 한국영화들이 당시 수입이 될 수 없었던 일본영화를 표절한 예들이 빈번했다는 것을 고려했을 때 〈애마 부인〉의 아파트 설정도 '단지 처' 영화를 참고한 것이 아닌가 유추해 보게 한다.

단순 성애영화로 국한 시키기기에 〈애마 부인〉은 '읽을 거리'가 많은 작품이다. 특히 생각해볼 문제는, 이 영화가 (일반) 여성의 성적 욕망을 그려냈다는 점에서 과연 진보적인 여성상에 접근했는가라는 이슈다. 애마는 그녀의 욕망을 능동적으로 표현하고 실현한다는 점에서 선대의 여성들 보다 진일보했다고 할 수 있으나, 정작 그녀가 진정한 사랑을 만났을 때 그녀는 "가정을 지키기 위해" 남편에게 돌아간다. 가정을 가진 여자가 내연남을 정리하고 남편에게 돌아가는 것이 당연해 보일 수 있지만, 문제는 영화가 애마의 내적 고민도, 상처도 충분이 설명하거나 표현하지 않은 채 다소 급작스럽게 애마를 '귀가'시키고 끝을 맺는다는 것이다.

〈애마 부인〉은 애마의 성적 욕망은 디테일하게 표현하면서도 정작 그녀의 내면을 표현하기를 거부한다. 그런 점에서 1980년대의 성애영화들이 소위 '야한 여자'들을 등장시켜 히트를 거듭했지만, 사실 그들은 1970년대의 가련한 호스티스들에서 크게 진보하지 못한 채 욕망이 발현되는 육체로만 기능했다고 할 수 있다. 1970년대, 1980년대에 여성이 주인공이었던 영화들이 압도적인 수를 기록했다는 것은 고무적이라고 할 수 있으나 그 이면이 달갑지 않은 이유가 거기에 있다.

스물두 번째 영화 : <포스트맨은 벨을 두 번 울린다>(1981)

관습을 벗어난
여성의 느와르적 처단

　　도시를 전전하며 근근이 먹고 사는 떠돌이, 프랭크(잭 니콜슨)는 LA로 일자리를 구하러 가던 중 동행하던 친구에게 지갑을 털린다. 돈 한 푼 없이 식당에 남겨진 프랭크에게 식당 주인은 자신의 가게에서 정비 일을 해보지 않겠냐는 제안을 한다. 정비 일도, 식당도 마음에 들지 않지만 프랭크는 결국 승낙을 한다. 줄곧 흘끔거렸던 식당의 요리사이자 주인의 아내 코라(제시카 랭) 때문이다. 허름한 원피스에 얼룩이 가득한 앞치마를 두르고 설거지를 하고 있는 코라의 뒷 모습이 프랭크를 잡아 끈 결정적인 이유다. 코라의 풍만한 엉덩이도, 삶에 찌들어 분노가 가득한 얼굴도 그는 잊을 수 없어 향하던 길을 멈춘다.
　　코라 역시 틈만 나면 자신의 엉덩이를 훑어보는 이 남자의 시선이 반갑다. 역겨운 음식 냄새를 풍기며 아내를 무시하는 농담으로 시간을 보내는 남편보다 기름 때를 뒤집어 쓴 묘령의 남자가 몇백 배 더 자극적이기 때문이다. 남편이 외출한 어느 날, 빵 반죽을 하고 있던 코라에게 프랭크는 접근한다. 코라는 기다렸다는 듯 프랭크를 식탁 위에 눕히고 프랭크는 코라의 낡은 가터벨트를 찢어버린다. 여자의 묵은 설움이, 지긋지긋한 권태도 프랭크에 손에 같이 찢겨나간다. 식당에서, 침실에서 증오스런 남편의 손길을 인내하며 연명하던 인생의 한가운데에서 여자는 처음으로 육체적, 정신적 환희의 아찔함을 맛본다. 기름때와 밀가루 범벅으로 식탁 위의 누운 남녀는 본능적으로 코라의 남편을 제거하겠다는 계획을 공모한다.

제임스 엠 케인의 1934년 소설을 영화화 한 작품 〈포스트맨은 벨을 두 번 울린다〉는 삶과 권태에 지친 여자가 낯선 남자와 사랑에 빠져 남편의 살인을 공모한다는 플롯을 기반으로 한 스릴러다. 1981년 한국 개봉 당시에는 앞서 언급한 밀가루 정사 장면이 화제가 되었지만 영화는 케인의 원작을 지배하는 파격적인 수위의 폭력과 섹스, 그리고 프랭크와 코라가 벌이는 가학적인 정사를 가감없이 스크린에 옮겨온 것으로 주목을 받기도 했다.

무엇보다도 영화는 보는 이로 하여금 쾌락과 감정의 그 얄팍한 본질을 냉철히 직시하게 한다. 프랭크와 코라가 다짐했던 사랑은 살인에 대한 공판이 열렸을 때 이들이 서로를 범인이라고 주장하며 한순간에 증발해 버린다. 사랑은, 쾌락은, 그렇게 허무하게 휘발하는 것이다. 입담 좋은 변호사 덕에 둘은 풀려나고 남겨진 식당을 운영하며 함께 지내지만, 믿음도 욕망도 사라진 이 관계에 이들은 염증이 난다. 설상가상으

출처 IMDB

제임스 엠 케인의 1934년 소설을 영화화 한 작품
〈포스트맨은 벨을 두 번 울린다〉는 삶과 권태에 지친 여자가
낯선 남자와 사랑에 빠져 남편의 살인을 공모한다는
플롯을 기반으로 한 스릴러다.
영화는 케인의 원작을 지배하는 파격적인 수위의 폭력과 섹스,
그리고 프랭크와 코라가 벌이는 가학적인 정사를
가감없이 스크린에 옮겨온 것으로 주목을 받기도 했다.

로 코라가 히스테리를 부리는 동안 프랭크가 외도를 했던 것이 코라에게 알려지면서 이들의 관계는 나락으로 떨어진다.

영화는 감정의 허망함을 부재不在로만 보여주지 않는다. 공범인 이들이 들키지 않고 여생을 버틸 수 있는 방법 역시 서로에 대한 애정이다. 그렇게 필요에 의한, 피상적인 애증으로 프랭크와 코라는 또 다시 서로를 찾는다.

프랭크는 코라에게 청혼을 하고 코라는 프랭크의 아이를 갖겠다는 고백을 하면서 이들은 처음으로 책략이 아닌 꿈을 키운다. 섹스파트너나 살인공범이 아닌, 서로의 모든 구석을 메워주는 존재가 되어보고 싶은 것이다. 그렇게 이들이 새로운 공명共鳴을 품은 순간, 코라는 교통사고로 프랭크의 눈앞에서 생을 마감한다. 영화는 탐욕과 살인의 말로에 대한 우화적 결말 대신, 프랭크의 무릎 위에 놓인 코라의 그로테스크한 주검을 통해 인간의 감정적 소생과 행로가 얼마나 무의미하고 피상적인지 역설한다.

잭 니콜슨은 늘 그렇듯 한량 연기의 최고봉이다. 그의 건들건들한 말투와 걸음걸이는 느와르와 스릴러 장르에서 등장하는 '문제적 남성'의 전형에 가깝다. 그러나 잊지 못할 영화의 아이콘은 제시카 랭이 연기하는 코라다. 식당에 들르는 모든 남성들이 흘끔거릴 만한 입체적인 몸 때문이기도 하지만 무엇보다 한쪽 입 꼬리를 올려 웃는 제시카 랭의 묘한 미소는 천진난만하면서도 음탕함을 주체 못하는 양가적 여인의 완벽한 표식이다.

스물세 번째 영화: <아그네스의 피>(1982)

성㎰역을 벗어난 성㎉역 전쟁

잊지 못할 대사 한 줄만으로도 배우는 영생永生한다. 관객들에게 남은 그 특정 장면으로, 혹은 그 멋진 대사로, 이미지와 소리는 시간이 흐르면서 연동되고, 중첩되어 하나의 그림처럼 남게 된다. 2019년 7월 19일 75세의 나이로 별세한 룻거 하우어가 리들리 스콧의 1982년 작품 <블레이드 러너>에서 남긴 대사가 그런 예다. 복제인간, 로이 배티 역을 맡은 그는 "모든 순간들은 시간 속에 사라지겠지. 빗속의 눈물 처럼 말이야All those moment will be lost in time, like tears in rain"라는 명대사를 남겼다. 네덜란드 출신의 하우어는 이 대사 하나로 헐리우드의 스타로 급부상했고, <블레이드 러너>는 감독 리들리 스콧도, 주연 해리슨 포드의 영화도 아닌 룻거 하우어의 영화로 길이 남게 되었다.

이후 많은 영화에 출연했지만 하우어는 <블레이드 러너> 만큼의 성공을 누리지 못했다. 그러나 그의 1985년 작품, 〈아그네스의 피(원제: 살 더하기 피, Flesh+Blood)〉만큼은 그의 수많은 출연작들 속에서 묻히기 아까운 수작이다.

〈아그네스의 피〉는 폴 버호벤의 연출작으로 14세기 이태리를 배경으로 한 시대극이다. 당시 유럽은 봉건 영주들간에 영토를 둘러싼 끝없는 전쟁이 끊이지 않는다. 이런 상황에서 영주들은 늘 병사 부족에 시달렸는데 이를 해결하기 위해 그들은 용병을 고용해 전장에 내보낸다. 마틴(룻거 하우어)은 자신의 용병들을 이끌고 '아놀피니'(페르난도 힐벡)라는 영주를 위해 전장에서 싸우는 지도자다. 승리를 거두면 성안에 모든 것을 가져가도 좋다는 영주의 말에 마틴의 용병들은 목숨을 걸고 싸우고 결국 승리한다. 그러나 영주는 약탈을 멈추지 않는 용병들을 내쫓아버리고 성 밖으로 버려진 마틴 일행은 복수를 결심한다.

하염없이 떠돌던 마틴 일행은 아놀피니 영주의 아들, 스티븐(톰 벌린슨)의 약혼녀, 아그네스(제니퍼 제이슨 리)가 타고 있는 마차를 약탈하고 아그네스를 납치한다. 마틴의 용병들은 아그네스에게 틈만 나면 손을 뻗치지만 마틴은 때마다 임기응변으로 그를 보호한다. 겁에 질려 떨고 있는 아그네스도 자신을 보호해주는 마틴에게 점점 마음이 이끌린다. 한편 이들은 우연히 마주친 성을 점령하고 며칠 머물기로 한다. 마틴이 좋아진 아그네스는 노골적으로 그에게 성욕을 드러낸다. 혼처가 정해지기 전까지 수도원에서 자란 아그네스는 너무나도 오랫동안 섹스를 꿈꿔왔던 것이다. 다른 용병들의 야유를 뒤로하고 아그네스와 마틴은 욕실로 들어가 밤새도록 사랑을 나눈다. 그러나 이들의 성城 생활은 오래 가지 못한다. 납치 당한 약혼녀를 찾기 위해 스티븐이 군대를 몰고 이들을 습격한 것이다.

영화의 후반부에서는 성에서 벌어지는 마틴의 용병과 스티븐의 군대의 대결이 펼쳐진다. 용병과 병사들은 피범벅이 되어 나가떨어지고 아그네스를 차지하기 위한 마틴과 스티븐만 남게 된다. 일반적인 대결 플롯이라면 여주인공이 사랑하는 남자가 결국 여주인공을 차지 하고 해피엔딩으로 마무리 되겠지만 〈아그네스의 피〉는 전례에 없는 엔딩을 택한다. 아그네스는 자신에게 생애 최고의 쾌락을 가르쳐준 마틴을 사랑하는 듯 하지만, 그보다 먼저 결혼을 약속했던 스티븐 역시 거부하지 못한다. 망설이는 아그네스에게 마틴은 분노하고 그의 목을 조른다. 스티븐은 아그네스를 가까스로 구해 성을 탈출한다.

〈아그네스의 피〉에는 단 한 명의 도덕적인 인물도 등장하지 않는다. 주인공 마틴은 인질로 삼았던 여자를 망설임 없이 강간하는 파렴치한이며, 스티븐은 용병들을 꾀어 이용했다가 버리는 아버지와 뜻을 함께 했던 치사한 인간이다. 아그네스 역시 섹스밖에 모르는 한심한 여자애일뿐이다. 영화 속 인물들은 도덕성의 유무가 아닌 계급으로만 나뉘어진다. 물론 지배계급도, 피지배계급도 모두 폭력과 섹스, 그리고 영토에 중독된 인간말종들이다. 영화의 원제목인 '살 더하기 피'는 그런 의미에서 작품이 그리는 세계관을 집약한 공식처럼 보이기도 한다. 궁극적으로 인간이 이루어낸 문명은 추악한 계급사회에 지나지 않고 그 사회를 구성하고 있는 문명의 주인공들 역시 살덩이와 피로 만들어진 유기체에 불과한 것이다.

출처 IMDB

영화 속 인물들은 도덕성의 유무가 아닌 계급으로만 나뉘어진다.
물론 지배계급도, 피지배계급도 모두 폭력과 섹스,
그리고 영토에 중독된 인간말종들이다.
〈아그네스의 피〉의 원제목인 '살 더하기 피'는 그런 의미에서
작품이 그리는 세계관을 집약한 공식처럼 보이기도 한다.
궁극적으로 인간이 이루어낸 문명은 추악한 계급사회에 지나지 않고
그 사회를 구성하고 있는 문명의 주인공들 역시
살덩이와 피로 만들어진 유기체에 불과한 것이다.

스물네 번째 영화 : <적도의꽃>(1983)

자본주의적 임포텐스

배창호 감독의 1983년작, <적도의 꽃>의 오프닝은 우중충한 아파트의 거실 탁자에 엎드려있는 한 남자의 맥없는 독백으로 시작된다.

"가족들은 아무 것도 하지 않고 불면의 밤과 싸우는 내게 매달 생활비를 보내주고 있다. 지난 번, 다섯 번째로 근무하던 회사에 사표를 던지고 다시는 취직을 하지 않기로 했다. 난 명예와 욕망과 물질에 눈이 먼 사람을 경멸하고 있다. 난 순수한 아름다움을 추구하며 사랑을 찾아 헤메고 있는 이방인이라고 할 수 있을 것이다."

이 한심한 독백의 화자는 '미스터 M'(안성기)이라고 자신을 칭하는 남자고, 그가 밝혔듯 그는 직업도, 소일거리도 없이 베란다에 서서 망원 카메라로 건너편 아파트에 사는 이웃들, 특히 여자들을 염탐하며 시간을 보낸다.

　M은 어느 날 건너편 아파트에 이사를 막 들어온 젊은 여자, 선영(장미희)을 발견한다. 선영에게 한 눈에 반한 그는 하루 종일 그의 아파트를 카메라로 훔쳐보고 셔터를 눌러댄다. 선영을 훔쳐보던 M은 밤마다 그의 아파트를 찾아오는 한 중년의 남자(남궁원)가 있다는 사실을 알고 크게 실망한다. 그러면서도 그는 망원경까지 동원해 선영과 남자가 성관계를 갖는 것을 엿보며 침을 삼킨다.

　선영과 중년남자의 관계를 중단시켜야겠다고 결심한 그는 선영을 미행하기 시작한다. 상점, 카페 등 선영이 들르는 모든 가게, 만나는 사람들을 메모하고 그의 정보를 차곡차곡 기록한다. 결국 그는 중년남자의 와이프에게 선영과의 관계를 폭로하고 선영과 그를 떼어놓는데 성공한다. 마침 선영의 생일을 맞아 그가 가장 좋아한다는 장미꽃을 집으로 배달하고 편지까지 남겨놓으며 본격적인 구애를 시작한다. M은 선영에게 전화를 걸어 약속을 잡기까지 하지만 끝내 자신을 드러내지 못한다. 외로움에 지친 선영은 친구 선희(나영희)와 제주도에 놀러갔다가 젊은 남자, 준환(신일룡)을 만나게 된다. 그는 전자용품 대리점을 하는 부유한 싱글남이지만 여자를 밥먹듯 갈아치우는 바람둥이 양아치다. M은 선영이 준환을 집으로 불러들여 관계를 갖는 것을 지켜보고는 분노한다. 결국 M의 음모로 두 번째 남자도 떨어져 나가고 외로워진 선영은 M에게 의지한다. M만이 자신을 진정으로 사랑해줄 것이라 믿은 선영은, 그를 자신의 집으로 초대한다. 그러나 M은 초대를 거부하고 비가 오던 날, 선영을 강가로 끌고가 욕망과 남자들로 더러워진 몸을 빗물로 씻어내라며 강 속으로 선영을 내던져버린다. 가까스로 아파트로 돌아

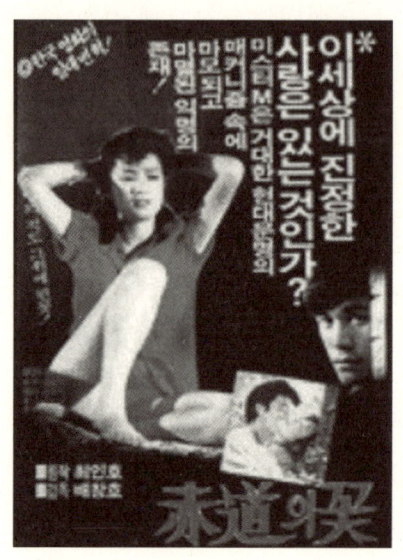

출처 네이버영화

〈적도의 꽃〉은 1980년대 초반 봇물 터지듯 만들어졌던 성애영화,
특히 아파트를 배경으로 혼자 사는 여성들의
성적 방랑기를 다룬 영화들의 관습을 그대로 따른다.
그럼에도 이 영화의 흥미로운 지점은
상류층의 위선적인 행동이 모자랄 것이 없는,
즉 상류층의 표식처럼 드러나기 때문에
이 영화가 드러내는 행간의 변으로 보이기도 한다.

온 선영은 상처와 충격을 걷어내지 못하고 스스로 목숨을 끊는다.

〈적도의 꽃〉은 최인호의 신문연재소설을 원작으로 한 작품으로 개봉 당시 단관에서만 16만 명의 관객 수를 기록해 화제가 되었다. 영화는 1980년대 초반 봇물 터지듯 만들어졌던 성애영화, 특히 아파트를 배경으로 혼자 사는 여성들의 성적 방랑기放浪記를 다룬 영화들의 관습을 그대로 따른다. 정진우 연출의 〈가시를 삼킨 장미〉(1979), 정인엽 연출의 〈애마부인〉(1982)이 그 대표적 선례들이다. 그럼에도 〈적도의 꽃〉의 흥미로운 지점은 단연 안성기가 연기한 미스터 M이라는 인물이다. 그는 부유한 가정의 자제(백수인 그가 소유한 수입산 고급 망원 카메라와 망원경이 그 증거들 중 하나다)고 집에 보티첼리의 '비너스의 탄생'을 걸어두거나 선영에게 발레공연 티켓을 보낼 정도의 문화적 소양을 갖추고 있는 지식인이지만 등장인물 중 가장 교활하며 표리부동한 자다. M은 '물질에 눈이 먼자를 경멸한다'고 했으나 선물세례로 선영을 유혹하고 '순수한 아름다움'을 부르짖지만 이웃여성의 나신裸身과 선영의 섹스를 훔쳐보며 흥분하는 피핑 탐의 전형이다. 또한 그는 '피핑 탐'(국내제목: 저주의 카메라)의 주인공처럼 직접 여자를 살해하지 않지만 궁극적으로는 선영을 죽음으로 몰아넣는 살인자와 다름 없는 자이기도 하다. 그러나 M의 이러한 위선적인 행동이 모자랄 것이 없는 가진자, 즉 상류층의 표식 처럼 드러난다는 것은 이 영화가 드러내는 행간行間의 변으로 보이기도하다. 〈적도의 꽃〉을 1980년대를 지배했던 수많은 관음착취적 성애영화 중 한 편으로 볼 수 없는 이유이기도 하다.

스물다섯 번째 영화 : <시드와 낸시>(1986)

Live fast, Die young

1970년대식 '세기의 사랑'이 있었다면, 그것은 바로 섹스 피스톨스의 베이시스트, 시드 비셔스와 미국 펜실베니아 출신의 그루피, 낸시 스펑겐이다. 다만 이들을 죽음에 이르게 한 비극의 요체가 로미오와 줄리엣을 죽음으로 몰아넣은 집안 싸움도, 이수일과 심순애를 갈라 놓은 돈도 아닌 헤로인이라는 점은 1970년대라는 시대적 배경, 특히 펑크 음악과 문화가 권태에 찌든 전후세대를 집어삼킨 시기의 단면을 역설하는 지점이기도 하다.

알렉스 콕스 감독의 1986년작인 <시드와 낸시>는 마약과 섹스에 중독된 한 커플의 만남부터 죽음까지의 짧은 기간을 그리는 영화다. 막 부상하기 시작한 펑크 밴드, '섹스 피스톨스'의 베이시스트인 시드(게리 올드먼)는 그만의 독특한 패션과 기행으로 펑크의 아이콘이 되었다.

출처 IMDB / Palace pictures, The Samuel Goldwyn Company

〈시드와 낸시〉는 그간의 세기의 사랑들처럼
죽음이라는 비극을 맞음에도,
이들만큼은 그 어떤 권위에도 순응하거나
희생당하지 않은 유일무이한 아이콘이 되었다.

시드가 가는 곳마다 그와 밤을 보내고싶어 하는 여자들이 들끓지만 정작 그는 술과 어처구니 없는 장난에만 관심이 있다. 그런 아이 같은 시드 앞에 낸시(클로이 웹)가 나타난다. 시드의 밴드를 쫓아다니던 여자의 집에서 만난 낸시는 심한 마약 중독에 밴드를 하던 주변 남자들에게 무시당하는, 별 볼 일 없는 여자애다. 시드는 그런 낸시에게 마약을 사다 달라는 부탁을 하고 낸시는 약속이 지난지 하루만에 나타난다. 밤새 낸시를 기다린 시드는 그에게 욕설을 퍼붓다가 갈 곳 없이 떠도는 낸시에게 연민을 느낀다. 밴드멤버들과 그루피들이 약에 취해 섹스하는 것을 경멸했던 시드는 처음으로 낸시와 밤을 보낸다. 물론 그들처럼 약에 취해 하는 섹스라는 점은 같지만, 시드는 낸시를 걷잡을 수 없이 사랑하게 된다. 처음 만난 날 이후로 며칠간 시드와 낸시는 방에 갇혀 섹스와 약에만 몰두한다.

물론, 피스톨스의 멤버들에게는 낸시의 등장이 반가울리 없다. 낸시에게 빠진 이래로 시드는 공연과 밴드연습을 밥먹듯 빼먹기 시작하고, 간신히 기어나오는 날에도 약에 찌들어 인사불성인 상태다. 그렇게 밴드와의 불화가 계속되고 결국 전설의 섹스 피스톨스는 활동한 지 3년만인 1978년에 해체하게 된다.

영화의 제목인 〈시드와 낸시〉가 암시하듯, 영화는 섹스 피스톨스의 흥망성쇠가 아닌 두 연인에게 초점을 맞춘다. 영화의 후반부는 밴드를 떠난 시드와 낸시의 뉴욕생활을 담는다. 저명한 아티스트들이 머물고 있던 뉴욕의 첼시호텔에서 새 생활을 시작한 그들은 근근히 시드의 공연비로 생활을 연명하지만 헤로인 중독은 점점 더 심해진다. 특히 낸시는 자살충동에 시달리기 시작하고 약에 취할 때면 시드에게 동반자살을 요구한다. 시드의 중독으로 공연마저도 힘들어질 때 즈음, 결국 이들에게 비극적인 사건이 일어난다. 함께 약을 하고 깨어났을 때, 낸시가 자신의 칼에 찔려 죽어있던 것이다. 이 사건으로 시드는 낸시의 살해범으로 지목되고 보석으로 풀려난다.

콕스의 〈시드와 낸시〉는 시종일관 기괴하고 불안한 사랑이야기를 보여주면서도 영화의 엔딩에서만큼은 인류에게 길이 남을 처연한 장면을 선사한다. 감옥에서 나온 시드는 황량한 맨하탄 어딘가에 위치한 한 폐건물로 향하고 그곳에서 흑인아이들의 무리와 함께 춤을 춘다. 천진난만한 표정으로 아이들과 어울리던 시드 앞에 노란 택시가 선다. 택시 안에는 하얀 드레스를 입은 낸시가 있고 이들이 환희의 키스를 나누며 영화는 끝이 난다. 물론 현실은 영화와 다르다. 낸시의 살해 혐의로 재판을 앞둔 시드는 약물과다복용으로 사망한다. 낸시는 열아홉 살에, 시드는 스물한 살에 삶을 마감한 것이다. "빠르게 살고 젊은 상태로 죽어라Live fast and die young"라는 당시 펑크운동의 슬로건을 몸으로 실천한 셈이다.

영화는 젊은이들의 분노에 대한 이유나 명분을 설명하지 않는다. 그것은 시대마다 존재했던 성난 젊은이의 한탄일수도, 혹은 1960년대 말, 그리고 1970년대를 관통하는 반전운동과 반권위운동의 또 다른 버전일수도 있다. 확실한 것은 시드와 낸시의 사랑이 그간의 세기의 사랑들처럼 죽음이라는 비극을 맞음에도, 이들만큼은 그 어떤 권위에도 순응하거나 희생당하지 않은 유일무이한 아이콘이 되었다는 사실이다.

스물여섯 번째 영화 : <프라하의봄>(1988)

섹스를 삶의 징후로
죽음을 영속의 매개로

삶은 무거운 것인가 아니면 깃털처럼 가벼워서 존재하지 않는 것과 마찬가지인가. 밀란 쿤데라의 역작,《참을 수 없는 존재의 가벼움》을 각색하여 만든 〈프라하의 봄〉(1988, 원제는 소설과 같은 제목,〈참을 수 없는 존재의 가벼움〉이다) 에서 영화의 감독, 필립 카우프먼은 쿤데라가 던진 삶의 딜레마를 세 남녀의 운명을 통해 그린다.

배경은 혁명의 열기가 전 세계를 향해 퍼져나갔던 1968년의 체코, 프라하다. 젊고 유망한 외과의사 토마스(다니엘 데이 루이스)는 섹스중독에 가까운 폴리가미적 성생활을 즐기며 산다. 수많은 파트너 중에서도 그와 가장 가까운 친구이자 연인인 사비나(레나 올린) 역시 토마스와 비슷한 방식으로 살아가는 예술가다. 토마스는 출장으로 내려간 한 시골마을에서 웨이트리스인 테레사(줄리엣 비노쉬)와 마주치게 된다. 테

출처 IMDB

반공산당 활동으로 저서를 압수당하고 프랑스로 망명했던
쿤데라의 정치적 트라우마 안에서 탄생된 이 사랑이야기는
섹스를 삶의 징후로, 죽음을 삶을 초월하는
영속의 가치로 매김하는 한 혁명가의 독백이기도 하다.

레사는 도회적이면서도 선량한 인상을 가진 토마스에게 한 눈에 반한다. 토마스도 테레사가 마음에 들지만 별 기약 없이 도시로 돌아온다. 사비나와 격렬한 한낮의 정사를 마치고 집으로 돌아온 날, 토마스는 느닷없는 초인종소리에 밖을 확인하는데 복도에는 상기된 얼굴의 테레사가 눈을 깜박이며 엉거주춤 서 있다. 놀란 토마스에게 테레사는 일을 구하러 왔다며 둘러대지만, 요동치는 그녀의 눈동자는 토마스를 향한 열병을 숨기지 못한다.

   토마스는 오랜 기다림 탓에 기침을 토하는 테레사를 안으로 들이고, 그를 돌본다. 맥박과 호흡을 체크하는 토마스의 손길에 테레사는 더 이상 마음을 감추지 못하고 그를 쓰러눕힌다. 토마스를 끌어안은 테레사는 지긋지긋한 시골의 때가 벗겨지는 것 같은 환희를 느낀다. 행여 토마스의 마음이 변할까 테레사는 그의 허리를 알몸으로 감고 놓지 않는다. 그렇게 둘은 그 이후로도 줄곧 한 몸으로 지내게 된다. 오랜 시간 후에 자신을 찾아 온 토마스에게 화가 난 사비나는 그에게 여자가 생겼음을 직감하지만 그와의 '에로틱한 우정'을 포기하지 않는다. 한편, 사비나의 체취를 잔뜩 머금고 집으로 들어온 토마스에게 테레사는 분노하고 그의 집을 떠난다. 그러나 거리는 '프라하의 봄'을 저지하는 소련군들로 점령되었고, 테레사는 카메라를 꺼내 탄압의 현장을 찍기 시작한다. 테레사를 찾으러 나갔던 토마스 역시 저항 군중에 합류한다. 그렇게 이들의 소소한 삶은 풍전등화 속 체코의 운명에, 암울했던 세계사의 한 귀퉁이에 저당잡히게 된다.

   소련군에 의해 사진을 모두 빼앗긴 테레사는 토마스와 함께 스위스로 망명을 결심한다. 새로 정착한 제네바에서 이들은 먼저 이주했던 사비나와 다시금 재회한다. 불안해진 테레사의 예상처럼, 토마스는 사비나와의 섹스밀회를 재개한다. 절망한 테레사는, 아마도 자신의 비극을 더 큰 비극으로 회피하기 위한 수단으로, 절규와 암울의 한 복판인 프라하로 돌아간다. 테레사의 빈 자리를 견디지 못한 토마스 역시 그를 뒤따르고 이들은 예전의 안위를 되찾지 못한채 방황하다가 한 시골 마을에 정착한다. 그렇게 수 일이 흐르고 미국으로 이주한 사비나에게 편지 한 통이 도착한다. 체코에서 날아온 그 편지에는 토마스와 테레사가 교외에 있는 한 술집에서 술을 마시고 집에 들어오는 길에 교통사고로 즉사했다는 비보가 담겨 있다.

    영화의 원작자인 쿤데라는 실존주의를 표방했던 작가로 알려져있다. 영화의 중심인물 토마스는 '한번은 없는 것과 같다'라는 믿음을 실천하며 사는 인물이다. 다시 말해 그에게 있어 모든 것이 한번뿐인 인생에서 중요한 것도 없고 지켜야할 것도 없는 것이다. 그의 말초를 자극하는 섹스만이 실존적인 가치를 가진다. 그러나 테레사는 운명을 믿고, 운명의 신음에 복종한다. 이들의 열렬한 사랑은 서로의 상이한 믿음을 어떻게든 합치시켜줄 것 같지만 정 반대로 영화는 이들의 죽음으로써 존재의 (무無)가치를 역설하며 결말을 맺는다. 반공산당 활동으로 저서를 압수당하고 프랑스로 망명했던 쿤데라의 정치적 트라우마 안에서 탄생된 이 사랑이야기는 섹스를 삶의 징후로, 죽음을 삶을 초월하는 영속永續의 가치로 매김하는 한 혁명가의 독백이기도 하다.

스물일곱 번째 영화 : <발몽>(1989)

풍자소설,《위험한 관계》가 그리는 부패의 에로티시즘

18세기 프랑스의 상류사회를 배경으로 귀족들의 성 놀음을 풍자한 소설,《위험한 관계》는 로저 바딤의 1959년 연출작 〈위험한 관계〉를 시작으로 허진호의 2012년 연출작 〈위험한 관계〉까지 무려 일곱 차례나 영화화 되었다. 스티븐 프리어즈와 밀로스 포먼을 포함하여 리메이크에 참여한 감독들의 유명세를 보아도 한국, 프랑스 그리고 미국 등 동서양을 넘나드는 다국적 리메이크작들의 스펙트럼을 보아도 원작이 얼마나 매력적인 프로젝트였는지 가늠할 수 있게 한다.

그중에서 소개할 작품은 '아마데우스'를 연출한 거장 밀로스 포먼의 1989년 버전 〈발몽〉이다. 메리떼이유 후작부인(아네트 베닝)은 남편과 사별 후 수많은 정부를 거느리며 여생을 즐기는 상류층 사교계의 중심 인물이다. 그는 자신의 연인, 제르쿠르(제프리 존스)가 15세의 어린 조카 세실(파이루자 발크)을 상대로 정략결혼을 계획하고 있다는 사실을 알게 된다. 제르쿠르는 어린 신부의 순결을 지키기 위해 메리떼이유 후작부인의 사촌인 세실의 엄마 볼랑쥬 부인(시안 필립스)과 합의하여 그를 수녀원에 가둬두었다가 결혼 날짜가 다가오자 집으로 돌아오게 한 것이다. 이에 분개한 메리떼이유 후작부인은 파리의 소문난 호색한 발몽(콜린 퍼스)에게 세실이 제르쿠르와 결혼하기 전에 순결을 빼앗아 주면 자신과의 하룻밤을 선물하겠다는 거래를 제안한다. 그러나 발몽은 뚜르벨(멕 틸리) 부인을 짝사랑하는 중이고 그를 침대로 끌어들이기 위한 갖은 술수를 고민하느라 바쁜 한창을 보내는 중이다. 어른들의 더러운 거래가 오가는 동안 세실은 하프 선생 당스니(헨리 토마스)와 사랑에 빠진다.

    메르떼이유 후작부인은 세실과 당스니의 연애를 돕는 척, 그들의 메신저가 되어주기로 한다. 일이 생각보다 빨리 진척되지 않자 안달이 난 메르떼이유 후작부인은 볼랑쥬 부인을 설득해 세실을 데리고 발몽이 머물고 있는 한 교외의 친척집으로 휴가를 떠난다. 뚜르벨 부인도 친척 방문 차 머무르고 있는 이 저택에서 결국 메르떼이유 후작부인의 난잡한 계략이 현실로 이루어진다. 거대한 만찬으로 다들 취한 틈을 타 세실의 방으로 발몽을 보낸 것이다. 뚜르벨 부인에게 수차례 유혹을 거듭했지만 거절 당한 발몽은 세실의 순결한 육체로 위안을 삼기로 한다. 발몽은 당스니에게 보낼 연애편지를 쓰고있던 세실의 스타킹을 어루만진다. 주저하는 세실의 코르셋이 벗겨지고 발몽의 품으로 완전히 포획되는 동안 메르떼이유 후작부인은 와인을 홀짝거리며 천박한 승리를 자축한다.

출처 IMDB / Orion Pictures

밀로스 포먼의 1989년 버전 〈발몽〉은
원작에서 강조되던 사회풍자와 비판이 미약하지만
귀족들의 차고 넘치는 부와 사치의 재현은
이미지의 기록이 아니라면 엿볼 수 없는 영화의 고유한 미덕이기도 하다.

세실은 수녀원을 벗어나 처음 느껴보는 흥분으로 압도되어 결국 발몽을 뿌리치지 못한 채 그와 밤을 보낸다. 기세등등한 발몽은 메르떼이유 후작부인에게 대가를 요구하지만 부인은 거절하고 당스니에게 발몽이 세실을 범했다는 사실을 밝힌다.

영화에서 가장 흥미로운 지점은 등장하는 모든 인물의 주 관심사가 오롯이 먹고 마시고 섹스하는 것에 있다는 사실이다. 그들은 마치 의도적이기라도 하듯 아무런 일을 하지 않는다. 또한 영화 속에서 구체적으로 다루어지지 않지만 이들의 섹스 상대는 대부분 친인척 관계다. 다시 말해 18세기 귀족의 삶이란 근친과 혼외관계가 만연한 타락의 온상이었던 것이다.

1782년에 쓰여진 원작소설은 섹스광인 메르떼이유 후작부인과 발몽을 라이벌 구도로 설정하고 두 인물 모두 비극적인 결말을 맞게 함으로써 귀족정치의 부패를 첨예하게 드러냈다는 평가를 받기도 했다. 그렇다면 앙상레짐의 부패를 이 영화는 어떻게 처벌할 것인가. 세실을 빼앗긴 당스니는 분노하여 발몽에게 결투 신청을 한다. 만취한 상태로 결투에 임한 발몽은 당스니의 칼에 죽게 되고 세실은 발몽의 아이를 임신한 상태로 제르쿠르와 결혼식을 올린다. 세실과 제르쿠르의 결혼식에 수많은 여자들과 함께 참석한 당스니는 제2의 발몽이 될 것이라는 암시를 준다.

따라서 영화의 엔딩에서는 유희를 위해 순결을 짓밟고 유부녀를 유혹했던 발몽만 죽음으로 대가를 치른 셈이지만 또 다른 이면에선 그의 악행은 곧 당스니가, 메르떼이유 후작부인의 계보는 세실이 이어갈 것임을 예고한 것이기도 하다.

　포먼의 영화는 원작에서 강조되던 사회 풍자와 비판이 미약하지만 귀족들의 차고 넘치는 부富와 사치의 재현은 이미지의 기록이 아니라면 엿볼 수 없는 영화의 고유한 미덕이기도 하다.

제5장 ●

1990년대
전복의 예술 art of transgression 로서의 에로티시즘

5장의 영화들은 선대의 작품들보다 영화적으로 다양화된 욕망의 재현이 눈에 띈다. 여성감독의 시선에서 여성의 욕망을 그린 작품에서부터 영화 속 서술자가 여성으로 설정되거나 혹은 욕망의 능동적 주체로 그려지는 작품까지 여성 캐릭터와의 동일시를 전제로 하는 영화들이 증가하는 경향을 보인다. 이는 고전 작품을 재해석한 영화들에서도 보여지는 경향으로 적어도 여성이 욕망의 대상에서 주체로 등장하기 시작했다는 것은 주목할 만한 변화다.

스물여덟 번째 영화 : <북회귀선>(1990)

성을 통한 문학적 반기

미국의 소설가 헨리 밀러가 쓴 소설《북회귀선Tropic of Cancer》은 1930년대의 파리를 배경으로 그와 주변인들의 실제 일상을 토대로 한 자전 소설이다. 9년간 파리에 머물면서 매일 밤 술과 여자를 탐닉했던 밀러의 방탕한 방랑이 소설 속에 고스란히 기록된다.《북회귀선》에 등장하는 적나라한 성 묘사들은 표현의 자유에 대한 억압이 문명의 가장 큰 질병이라고 생각했던 밀러의 인류를 위한 선동煽動이자 문학을 통한 반기反旗였다. 프랑스에서는 1934년에 출판되었지만 정작 자신의 고국인 미국에서는 음란하다는 이유로 30년 후인 1964년에 출판되었다. 1998년 미국의 현대 도서관위원회에서는《북회귀선》을 '20세기 가장 훌륭한 영어권 소설 100' 중 하나로 선정했다.

필립 카우프만의 1990년 연출작 <헨리와 준>은 밀러의 책이 탄생되기까지 가장 결정적인 기여를 한 두 명의 여성, 아나이스(마리아 드 메데이로스)와 준(우마 써먼)을 통해서《북회귀선》을 완고하기까지의 과정을 그린 전기 영화다.

1931년 파리, 작가 지망생 아나이스는 성공적인 금융가 남편을 둔 덕에 호의호식하며 자신의 소설 집필에만 몰두하는 중이다. 책은 생각대로 진행되지 않고 안락하고 밋밋한 자신의 일상에도 염증이 날 무렵 남편은 파리에서 사귄 새 친구들을 소개해 준다.

그중 한 명인 뉴욕 출신의 헨리(프레드 워드)는 돈 한 푼 없이 파리를 전전하는 가난한 작가다. 주변인들의 주머니를 털고 다니며 연명하는 인생이지만, 그의 삶은 에너지와 영감으로 가득하다. 아나이스는 그의 문학적인 재능과 자유로운 사고, 무엇보다도 성적인 매력에 한눈에 반해버린다.

친절하지만 변화를 두려워하는 남편에게 회의를 품고 있던 아나이스는 헨리와 마주칠 때마다 심장이 뛴다. 그를 향한 욕망이 커져가는 것을 모른 채 남편은 틈만 나면 예술가 친구들과 헨리를 불러들여 이들과 가까워지기를 부추긴다. 어느 날 집시들의 거처에서 열린 파티에서 아나이스는 헨리의 부인 준을 만나게 된다. 브루클린 출신의 준은 에펠탑을 적시고도 남을 정도로 빛나는 금발에다 흠잡을 데 없는 완벽한 몸을 가졌다. 쉴 새 없이 지껄이는 허풍 섞인 무용담과 천박한 말투에도 아나이스는 준의 아름다움에 매료된다. 파티 내내 깊은 관계를 약속하는 키스를 나눴지만 준은 뉴욕으로 떠나버린다. 허망해진 아나이스의 연소되지 못한 욕정은 이내 헨리에게로 향한다.

수많은 여자들을 상대해 온 헨리는 동물적으로 여자의 욕망을 감지

출처 IMDB / Universal Pictures

헨리와 준은 금기와 제도에 도전함으로써
근대 문학의 진보에 기여했던 〈북회귀선〉의 탄생을 회고하지만
영화의 중점은 아나이스라는 여성의
성적 일탈에만 맞춰져 있다는 약점이 두드러진다.
그러나 아카데미 촬영상에 노미네이트될 정도로
아름다운 영상은 문학에선 불가한 영화만의 고유한 강점이기도 하다.

한다. 욕망의 출처가 무엇이든 돈 많고 권태로운 아나이스는 헨리에게 반가운 존재다. 관능적인 댄서들이 가득한 파리의 한 술집에서 재회한 이들은 춤과 음악, 사람들의 취기가 절정에 이를 때 무대의 뒤로 숨어든다. 서로 엉겨 붙어 춤을 추고 있는 무희들의 그림자의 한가운데에서 아나이스와 헨리는 아슬아슬한 정사를 갖는다. 상상만으로 만족해야 했던 금기의 영역으로 자신을 내던진 아나이스는 쾌락과 자유의 절정을 느낀다. 무엇보다도 준을 상상하며 헨리의 몸을 받아들일 때 쾌감은 배가 된다. 준의 금발머리가 가슴을 스치고, 그의 길고 매끈한 다리가 자신의 다리와 감기는 상상을 하며 아나이스는 집요하고 말초적인 쾌락에 밀착한다.

남편과 관계할 때 아나이스는 헨리를 생각한다. 그의 거친 손길과 대범함을 기억으로부터 소환한다. 아나이스의 몸은 자신의 작품을 위한 예술적 채널이다. 섹스하고 있는 상대를 비非체화 시키고, 욕망의 대상을 몰래 상상하며 쾌감을 증가시키는 아나이스의 의식은 그가 책을 쓰기 위한 훈련이다. 아나이스는 준을 향한 사랑을, 헨리를 향한 욕망을 담고 있는 인물들을 창조해 결국 그의 첫 책을 완성한다. 그러나 폭력적이고 이기적인 헨리를 참지 못한 아나이스는 결국 헨리를 떠나고, 헨리는 오랜 시간에 걸쳐 쓴 《북회귀선》을 탈고한다.

〈헨리와 준〉은 금기와 제도에 도전함으로써 근대 문학의 진보에 기여했던 〈북회귀선〉의 탄생을 회고하지만 영화의 중점은 아나이스라는 여성의 성적 일탈에만 맞춰져 있다는 약점이 두드러진다. 그러나 아카데미 촬영상에 노미네이트 될 정도로 아름다운 영상은 문학에선 불가한 영화만의 고유한 강점이기도 하다.

스물아홉 번째 영화 : <경마장 가는 길>(1991)

R과 J는 오늘도 경마장이 아닌 여관으로 간다

R(문성근)이 프랑스에서 유학을 마치고 귀국했을 때 공항에는 먼저 귀국했던 J(강수연)가 마중을 나와 있었다. 여전히 예쁘고 싱그러운 J는 함박 미소를 지으며 R을 맞아주었고 그들은 안부를 주고받으며 J의 차로 향한다. "주무시-고 갈 거죠?"라는 J의 물음에 R은 그럴 거라고 했고 그들은 한 여관에 안착한다. 여관방에서 '예전에 그랬듯이'(R이 끊임없이 반복하는 대사다) 걸쭉한 섹스를 기대했던 R은 종종걸음으로 나가버리는 J가 원망스러웠지만 이내 잠을 청한다.

등장인물이 이니셜로 불린다는 점을 제외하고 오프닝 초반 6분은 지극히 평범한 남녀의 재회로 시작하는, 지극히 평범한 영화임을 가장하지만 이 영화는 1991년 개봉해 한국영화계를 발칵 뒤집어 놓았던 장선우 연출의 <경마장 가는 길>의 서두다. 영화는 R과 J가 재회한지 이

출처 네이버영화

등장인물이 이니셜로 불린다는 점을 제외하고
오프닝 초반 6분은 지극히 평범한 남녀의 재회로 시작하는,
지극히 평범한 영화임을 가장하지만
이 영화는 1991년 개봉해 한국영화계를 발칵 뒤집어 놓았던
장선우 연출의 〈경마장 가는 길〉의 서두다.
영화는 R과 J가 재회한지 이틀째부터
그 충격적인 정체성을 드러내기 시작한다.

틀째부터 그 충격적인 정체성을 드러내기 시작한다.

아침에 R을 데리러 온 J에게 그는 유성으로 가자는 말을 한다. 유성에는 뭐하러 가냐는 J의 물음에 R은 "그러니까 음…. 유성에 가서 온천물에 좀 담그고 그리고는… 네 젖가슴에 내 얼굴을 좀 비벼대고, 네 젖꼭지를 만지다가 네 사타구니에 내 사타구니를 밀착시키고… 그러다가 예전에 그랬듯이 몸을 섞고 뭐 그러는 거지."

세상에서 가장 고상한 말투로 J에게 설교를 늘어놓던 R은 이내 자신의 머릿속을 지배했던 단 하나의 욕망을 서슴지 않고 드러낸다. 그러나 J에게 더 이상 "예전에 그랬듯이"는 통하지 않는다. J는 R의 구걸을 단칼에 내친다.

집이 대전인 그는 매일 J를 만나러 서울로 향한다. 그들의 일과는 이틀째에 그들이 나누었던 실갱이를 정확히 반복하는 것으로 시작된다. 다방에서도, 식당에서도 R은 J에게 몸을 내주어야만 하는 당위를 서술하지만 J는 거절한다.

R에게도 명분이 있다. 이들은 프랑스 유학시절 3년이 넘는 시간 동안 동거를 했던 사이고, J가 먼저 귀국해버리면서 R은 꽤나 외로운 시간을 보냈던 것이다. 그러나 J가 물러섬없이 R을 거절하자 그는 더 구체적이고 현실적인 명분을 들이댄다. 역량도 안 되는 J의 학위수여를 도와주기 위해 그는 J의 논문을 대필해주었고 그 덕에 여자는 잘 나가는 문학평론지에 글도 쓰고 이름도 알리며 살게 된것이다. 따라서 R의 요구는 정당한 것이고 J는 그가 원하는 것, 즉 그와의 섹스를 해줘야 한다는 것이다. 물론 J가 남자의 '개뼉다구 같은 소리'에 응해줄리 없다. R은 결국 3천만 원이라는 돈을 요구한다. 그렇지 않으면 여자의 논문이

대필이었음을 폭로해버린다는 것이다. 이쯤되면 관객은 J의 분노, 혹은 R에 맞설만한 논리적 대응을 기대하겠지만 J는 공항에서 그가 보여주었던 함박웃음을 지으며 3천만 원어치의 섹스를 하겠다고 나선다. 결국 R이 이 지긋지긋한 게임에서 승리한 것이다.

그들은 여관으로 향한다. R은 "젖가슴에 얼굴을 좀 비벼대고, 젖꼭지를 만지다가 사타구니에 사타구니를 밀착시키고…" 등등의 행위를 할 수 있게 된다. 그는 하루가 멀다하고 J와 만나 몸을 섞는다. 결국 여자를 소유한 R은 다른 나라로 함께 떠나자고 종용하지만 또 다시 보기 좋게 거절당한다.

〈경마장 가는길〉은 한 지식인 남녀의 추잡하고 가증스러운 대화로 가득 찬 영화다. 관객은 두시간여 동안 R이 J에게 끊임없이 섹스를 구걸하고 J가 한결 같이 거절하는, 이 끝없는 사이클을 목도해야 한다. 영화의 시선 역시 이들을 향한 조소를 숨기지 않는다. 가령, R의 섹스타령이 시작될 때면 카메라는 두 남녀를 탈출해 인근한 다른 남녀를 보여주는데 이는 취객이 돈을 주고 하룻밤 상대를 사는 순간이거나 여관에서 몰래 나온 남녀가 헤어지는 순간이다. 따라서 영화는 프랑스에서 박사학위를 땄거나 혹은 샀던 행위가 도시 곳곳에서 벌어지는, 즉 욕망이 돈으로 환원되거나 돈이 욕망으로 환원되는, 그 치졸한 거래들과 정확히 같은 것임을 인지하는 것이다. 하일지의 원작소설을 영화화 한 〈경마장 가는길〉에는 경마장이 아닌 여관이 나온다. 돈 놓고 돈 먹기의 게임은 몸 놓고 몸 먹기의 게임으로, 말馬 만도 못한 군상들의 근원적 지배욕망으로 역설된다.

서른 번째 영화 : <브람 스토커의 드라큘라>(1992)

빅토리아 시대의 성모럴이
흡혈로 은유되다

미나는 잠들기 전 침대 옆의 창문을 활짝 열어둔다. 늦은 밤이 되었을 때, 그가 언제든 들어올 수 있도록 함이다. 그가 창문 앞을 서성이면, 방에 있던 모든 붉은 장미는 시들어 재가 되고 침대 위에 미나는 아랫배가 뜨거워짐을 느낀다. 피가 뒤집히는 듯한 욕구에 오장육부가 뒤틀릴 때 즈음, 그는 미나의 침대로 슬며시 들어와 키스를 퍼부을 것이다. 미나가 양팔을 벌리고 무아지경에 이르면, 그는 날렵한 송곳니를 미나의 목에 깊숙이 박아 넣고 마음껏 피를 빨아 댄다. 그렇게 한 차례의 성찬이 끝나고 나면 미나는 영원한 백작의 여자가 될 것이다.

1897년에 출판된 브람 스토커의 원작《드라큘라》는 1921년에 F.W. 머나우 감독에 의해 '노스퍼라투Nosferatu'라는 제목으로 최초로 영화화

되었다. 그 이후 〈프랑켄슈타인〉과 〈미이라〉 등을 포함해 유니버설 스튜디오에서 쏟아져 나왔던 호러 상품들 중 하나로 제작되었던 '드라큘라' 시리즈(1931)를 필두로 뱀파이어는 영화사에서 가장 많이 영화화된 인물 중 하나가 되었다. 주로 호러 장르의 작법을 따라 전개되는 영화들이 대부분이지만, 원작 소설은 출판 당시 백작의 흡혈이라는 행위를 통해 젊은 여성들과의 성관계를 은유했다는 해석을 얻기도 했다. 또한 극 중 드라큘라 헌터로 등장하는 벤 헬싱 박사가 흡혈귀의 성행이 "피나 체액으로 감염되는 성병과 같은 것"이라고 말하는 대목으로 사실상 브람 스토커는 희대의 카사노바를 피를 빨아 마시는 드라큘라로 재탄생시킨 것과 다름 없다.

거장 프랜시스 포드 코폴라 감독의 1992년 연출작 〈브람 스토커의 드라큘라〉 역시 브람스토커 원작의 《드라큘라》를 각색하여 영화화했다. 코폴라의 버전에서는 원작에 깔려있던 에로티시즘을 현저히 부각시켜 단순한 호러 양식을 벗어나 고딕 스타일의 클래식한 에로틱 테일로 그려낸다.

부동산 중개업자 하커(키에누 리브스)는 런던에 땅을 사겠다는 드라큘라 백작(게리 올드먼)의 의뢰를 받아 트랜실베니아에 있는 그의 성을 방문한다. 부동산 계약이 완전히 정리될 때까지 한 달을 그의 성에서 묵기로 한 하커는 틈만 나면 그의 약혼녀 미나(위노나 라이더)의 사진을 들여다 보며 성에서 감도는 원인 모를 공포심을 달랜다.

괴상하게 말아 올린 은발머리에 긴 손톱을 가지고 있는 드라큘라 백작은 생명의 흔적이라고는 찾아보기 힘든 창백한 외모를 가졌지만 하

출처 IMDB

거장 프랜시스 포드 코폴라 감독의
1992년 연출작 〈브람 스토커의 드라큐라〉 역시
브람스토커 원작의 《드라큐라》를 각색하여 영화화했다.
코폴라의 버전에서는 원작에 깔려있던 에로티시즘을
현저히 부각시켜 단순한 호러 양식을 벗어나
고딕 스타일의 클래식한 에로틱 테일로 그려낸다.

커의 약혼녀 미나의 사진을 훔쳐볼 때마다 폭발할 듯한 기운을 얻는다. 미나는 사실상 드라큐라 백작이 인간이었을 때의 자살한 부인이 환생한 여인이며 백작은 미나를 손에 넣기 위해 그의 행적을 쫓기로 한다.

뭔가 꺼림직한 분위기를 가지고 있음에도 미나는 백작의 접근이 설렌다. 이름 모를 나라의 왕자라고 소개한 그가 곁으로 다가오자, 백작을 위해 온 몸을 열어젖히고 싶은 욕망이, 전생에 백작을 그리며 죽음을 택했던 아픔이 교차하고 그의 어두운 그림자는 곧 미나를 소유한다.

결국 미나는 백작을 위해 목을 내어준다. 백작이 손톱으로 그어놓은 자신의 상처에서 뿜어져 나오는 검은 피를 미나가 받아 마시면서 미나는 백작의 여자가 된다. 송곳니가 자라고, 백작의 이름만 들어도 뽀얀 살을 드러내는 미나를, 약혼자 하커는 힘없이 바라본다.

영화의 후반부는 하커와 벤 헬싱이 힘을 모아 드라큐라를 소탕하는 모험극으로 채워진다. 결국 백작은 이들의 활약으로 토막뿐인 주검이 된다. 그러나 선이 절대 악을 소멸시킴과 동시에 실현되는 하커와 미나의 해피엔딩은 왠지 밋밋하다. 영화 내내 겉도는 키에누 리브스의 지루한 연기 때문에도 그렇지만, 가장 결정적으로는 백작의 질척한 파고듦이 너무나도 강렬하고 매혹적이기 때문이다. 육체도 없이 바람처럼 침대 속으로 들어와 여자들의 허벅지 속을 파고든다는 코폴라식 드라큐라의 재현은 1920년대에 처음으로 스크린에서 보여진 이래 70년만에 부활한 가장 관능적이고 저항 불가한 불멸의 섹스심볼이 될 것이다.

서른한 번째 영화 : <피아노>(1993)

여성이 그리는 여성의 욕망

여섯 살 이후부터 말을 못하게 된 에이다(홀리 헌터)는 아버지에 의해 딸 플로라와 함께 뉴질랜드의 한 땅부자 알리스더(샘 닐)에게 정략결혼으로 팔려간다. 에이다에게는 피아노를 치는 것이 세상과 소통하는 유일한 방법이다. 그러나 에이다가 못마땅한 알리스더는 피아노를 배에서 내린 곳에 버려두고는 옷가지만 챙겨 모녀를 집으로 데려간다.

마오리족과 숲으로 둘러 싸인 에이다의 새로운 터전은 이들 모녀에겐 자연 속의 지옥이다. 피아노를 잃은 에이다는 오로지 머릿속에 울리는 악보 속 멜로디만 상상하며 산지옥을 버텨나간다. 설상가상으로 알리스더는 해변가에 있던 피아노를 그의 사업 파트너 베인즈(하이 카이틀)에게 팔아버린다.

출처 IMDB / Miramax

선율로만 세상을 만나는 한 여자에게 피아노 건반을 준 남자.
같은 공기를 나누어 마실 수 있는 거리에만 있어도,
발정이 난 것처럼 여자에게 붙어 떨어질 수 없는 잠자.
캠피온 감독은 인간이 상상할 수 있는
최고의 러브스토리를 만들어낸 것이 아닌가 싶다.

그러나 피아노를 뺏긴 것이 에이다에게는 새로운 삶의 도화선이 된다. 베인즈는 알리스더에게 피아노를 사는 조건으로 에이다에게 레슨을 받을 것을 요구한다. 레슨을 위해 방문한 첫날, 베인즈는 연주만 듣겠다고 말한다. 그것이 그의 레슨이었던 것이다. 어느 날 베인즈는 연주를 하던 에이다의 목에 키스를 하며 충격적인 제안을 한다. 방문을 할 때마다 검은 건반 한 개씩이 에이다의 소유가 되는 것이다. 베인즈는 제안에 응한 에이다의 몸에 피아노를 치듯 손가락을 얹는다. 구멍 난 스타킹 위의 살점으로 시작한 그의 연주(?)는 에이다의 어깨로 등으로 악장을 넘긴다.

에이다가 오지 않는 날이면 베인즈는 알몸으로 피아노 곁을 서성댄다. 에이다의 건반들을 만지고 몸을 비벼댄다. 베인즈가 에이다에게 빠졌듯 에이다도 점차적으로 그에게 중독된다. 좀처럼 마음을 주지 않는 베인즈가 낙담하여 검은 건반의 수를 다 채우기도 전에 피아노를 에이다에게 보내버렸을 때 에이다는 단숨에 베인즈에게 달려간다. "당신으로 인한 사랑으로 난 먹을 수도 잘 수도 없다"고 말하는 베인즈. 사랑으로 사지가 갉아 먹힌 남자 앞에서 에이다는 숨도 고르지 않은 채 걸친 옷을 벗어버린다. 짐승처럼 매달리는 베인즈에게 에이다는 그가 원했던 모든 것을 내어준다.

제인 캠피온의 1993년작 〈피아노〉는 압도적인 러브 스토리와 피아노 선율에서 느껴지는 관능적인 이끌림으로 보는 이를 피곤하게 (?) 만든다. 영화 전체에 흐르는 피아노 연주는 베인즈의 폭발적인 욕망을 닮았다. 느긋이 시작해서 절정을 넘기는 테마곡 '더 피아노'를 듣고 있노라면 베인즈의 뜨거운 숨이 귀를 감는 듯하다. 그래서 영화를 보고 나면 온 몸이 나른해지는 피로감이 느껴진다. 〈피아노〉는 칸 영화제에서 최고상인 황금종려상을 수상했다. 뉴질랜드의 자연을 뒤로 한 각 장면의 절경도 넋을 놓게 하지만, 영화에서 가장 아름다운 것은 두 남녀의 애처로우면서도 질긴 사랑이다. 알리스더는 둘의 관계를 알아내고는 질투심에 에이다의 손가락을 잘라버린다. 베인즈를 만날 때 마다 에이다의 또 다른 손가락이 잘려나갈 것이다. 알리스더는 손가락을 베인즈에게 보낸다. 그렇게 에이다의 영혼이 거세되고 눈 앞의 모든 추가 죽음을 가리키고 있을 때, 에이다가 알리스더에게 마음 속으로 말을 전한다. "베인즈가 나를 데려가게 해요. 나를 구해주게 해요." 처음으로 알리스더는 에이다의 마음 속 절규를 듣는다. 그는 분노와 절망으로 몸부림을 치면서도 에이다와 베인즈를 보내주기로 한다.

어쨌거나 〈피아노〉의 결말은 해피엔딩이지만 멍이 든 듯 가슴이 욱씬거린다. 선율로만 세상을 만나는 한 여자에게 피아노 건반을 준 남자. 같은 공기를 나누어 마실 수 있는 거리에만 있어도, 발정이 난 것처럼 여자에게 붙어 떨어질 수 없는 남자. 캠피온 감독은 인간이 상상할 수 있는 최고의 러브스토리를 만들어낸 것이 아닌가 싶다.

또한 영화 속에 등장하는 피아노 연주와 수화를 모두 직접 소화해 낸 홀리 헌터는 대사 대신 손으로 연기를 한 셈이다. 건반을 만지고 그림을 그리듯 수화로 말을 하는 헌터의 손은 극중 에이다의 입을 대변하듯 부드럽고 우아하며 농염하다. 여성 거장의 섬세함이 느껴지는 경이로운 스토리와 헌터의 손, 그리고 마이클 니만의 오리지널 스코어는 영화를 마치 신화를 읽듯, 곱씹고 찬미하게 한다.

서른두 번째 영화 : <겟어웨이>(1994)

비디오 시대의 새로운 스타 '킴 베이싱어'

극장에서 놓친 화제작을 보기 위해선 비디오가게로 뛰는 방법밖에 없었던 시절, 가게 주인의 권력은 그야말로 절대군주에 가까운 것이었다. 잘만 얘기하면 신프로를 몰래 빼놨다가 주기도 하고, 가끔 단골이라면 남는 영화 포스터를 얹어주기도 하던 주인아저씨에게만큼은 늘 충성했던 기억이 난다. 그의 눈 밖에 나지 않기 위해 다 본 영화를 앞으로 감아서 돌려주는 것은 물론이거니와 가장 중요한 철칙은 반납 날짜를 철저히 지키는 것이었다. 그런 모범적인 나 같은 고객도 반납일자를 지키지 못하고 몇 번씩 돌려봤던 영화들이 있는데 <겟어웨이>는 그런 영화였다. 1990년대를 지배했던 킴 베이싱어의 올 누드 출연작으로 워낙 광고를 하기도 한데다가 함께 출연했던 알렉 볼드윈의 전성기 시절 미모는 연체료나 주인아저씨를 향한 충성 따위를 일

순간에 구차하게 만드는, 세속 너머에나 존재하는 그런 불가항력의 영역이었던 것이다. 그땐 중요하지도 않았지만 돌이켜 보면 〈겟어웨이〉는 샘 패킨파 연출의 〈겟어웨이〉의 리메이크작이라는 점에서, 또한 마이클 매드슨이나 작고한 필립 시무어 호프먼, 제니퍼 틸리와 제임스 우즈 같은 쟁쟁한 배우들이 포진해있다는 점에서 주목할 만한 대작이기도 했다.

〈칵테일〉이나 〈노웨이아웃〉 등의 히트작들을 연출했던 로저 도날드슨의 1994년작, 〈겟어웨이〉는 한 부부범죄단의 종횡무진 도주극이다. 닥(알렉 볼드윈)은 거액의 돈을 받고 멕시코 마피아를 감옥에서 탈출시켜주지만, 이는 함정이었고 이로인해 그는 결국 멕시코의 감옥에 수감된다. 20년을 구형받은 그는 그의 아름다운 아내, 캐롤(킴 베신저)을 통해 조직의 두목인 베논(제임스 우즈 분)에게 보석을 부탁한다.

결국 베논의 도움으로 출옥하지만 대가가 있다. 닥은 베논의 요구에 따라 예전에 팀이었던 루디(마이클 매드슨)와 한슨(필립 S. 호프만) 그리고 캐롤과 함께 도박장의 금고를 털어야 한다. 닥은 성공적으로 금고를 털지만 루디가 작전 중 한슨을 죽이고 닥 마저 죽이려 들자 그를 총으로 쏜다. 닥은 턴 돈을 나누기 위해 베논에게 향한다. 그러나 베논은 돈보다 캐롤을 요구하며 닥에게 도발한다. 캐롤에 대해 성적인 모욕을 퍼붓던 베논을 캐롤이 쏘아 버리면서 이들은 경찰과 조직, 그리고 간신히 살아남은 루디에게 쫓기는 도망자가 된다.

원작의 완성도에 견줄만한 특징도 설정도 하나 없는 이 영화가 화제작이 된 것은 단연 베이싱어의 기여로 봐야한다. 〈나인하프위크〉의 어마어마한 히트 이후로 베이싱어의 인기는 독보적인 것이었거니와, 당시 실제 부부관계였던 볼드윈과 베이싱어의 영화 속 섹스씬은 개봉 이전부터 모두가 기다렸던 유일무이한 스펙터클이었을 것이다. 영화는 모두의 기대를 저버리지 않는다. 1994년에 출시된 비디오버전에서 보여주는 이들의 섹스씬에서는 모자이크가 화면의 반 이상을 차지했을 정도로 베이싱어는 열연을 펼쳤고 액션과 몇몇 추격씬을 제외하고는 모두 베이싱어의 엉덩이와 입술을 관찰하는 장면들로 도날드슨의 리메이크작은 분명한 노선을 택했다.

세 무리에게 쫓기는 캐롤과 닥은 끊임없는 언쟁을 벌인다. 자신을 감옥에서 꺼내기 위해 캐롤이베논과 잠자리를 했던 사실을 알게 되었기 때문이다. 찌질한 남자의 전형을 정의하듯 닥은 캐롤을 몰아붙이지만 캐롤은 크게 동요하지 않는다. 결국 돈가방을 쥐고도 한결같이 닥 곁에 남아준 캐롤에게 그는 마음을 풀고 엘 파소의 한 호텔에서 텍사스만큼이나 뜨겁고 걸출한 화해의 섹스를 한다. 얼마 지나지 않아 조직과 루디가 이들의 뒤를 따라 호텔에 당도하고 수십 명을 상대로 총격전을 벌이지만, 역시 영화는 섹시한 부부의 압승으로 후련한 해피엔딩을 선사한다.

원작을 굳이 언급할 필요도 없이 도날드슨의 리메이크는 혹평을 받았지만 흥미로운 사실은 영화가 만들어진 미국뿐만 아니라 각 국의 비디오 시장에서 영화는 대성공을 거두었다는 사실이다. 또한 영화의 개봉 이후 25년이 지난 지금까지도 이 영화의 리뷰글이 끊임없이 올라오고 있으며 '거역할 수 없는 길티 플레져'로 〈겟어웨이〉는 굳건한 컬트적 숭배를 받고 있다.

서른세 번째 영화: <아름다운 청춘>(1995)

스웨디시 뉴 웨이브의 기수, 보 비더버그 감독의 우화적 에로티시즘

고다르는 모든 영화가 결국은 "소년이 소녀를 만나는 이야기movies are all about 'a boy meets a girl'"라고 했다. 세상의 모든 영화가 다 그런 것 같진 않지만, 상당수가 이 고다르의 정의 안에 숨쉬고 있다는 생각이 든다. <아름다운 청춘> 역시 그 상당수 안에 속하는 작품으로 정확히 말하면 '소년이 여선생을 만나는 이야기'가 될 듯하다.

19세기를 배경으로 한 비극적인 사랑을 다룬 영화 <엘비라 마디간>이라는 영화가 낯설지 않은 독자들도 꽤 있을 것이라는 생각이 든다. 이 영화는 '엘비라 마디간'으로 이름을 알린 스웨덴 출신의 감독 보 비더버그Bo Widerberg가 죽기 전 마지막으로 만든 장편영화다. 한국에서는 잘 알려져 있지 않지만 스웨덴에서는 잉마르 베르히만 감독과 항상 함께 언급되는 감독이다.

비더버그가 잉마르 베르히만과 같이 언급되는 가장 큰 이유는 그가 생전에 베르히만의 스타일이 너무 현실도피적이라는 이유로 공공연히 비판했기 때문이다. 그의 저서 《스웨덴 시네마의 미래》에서 비더버그는 베르히만의 영화들이 '쓸데없이 신에게 집착한다'고 비판했다. 동시에 좋은 영화란 현실에 존재하는 문제들을 다루는 '사회학적인 리포트'에 가까워야 한다고 밝힌 바 있다. 그는 사회성이 짙은 영화를 만들고자 했다. 다만 켄 로치나 다르덴 형제처럼 사실주의적인 스타일과는 반대로 서정적이고 은유적이지만 파격적인 시詩에 가까운 작품들을 만들어왔다.

〈아름다운 청춘〉은 그가 살았던 사회상에 '소년, 여선생을 만나다' 이야기를 입힌 한 편의 시 같은 작품이다. 1995년에 제작되어 한국에는 1997년에 개봉했는데, 소년과 여선생의 사랑이라는 주제 때문에 몇 차례 반려됐다가 배급되었다고 한다. 그럼에도 이 작품은 베를린 영화제를 포함한 많은 해외 메이저 영화제들에서 수상하고 아카데미 시상식 외국어 영화상 부분에 노미네이트 되기도 했다.

〈아름다운 청춘〉은 제2차 세계대전 초반인, 1944년 스웨덴의 작은 마을을 배경으로 15세 소년, 주인공 스티그(비더버그 감독의 아들, 요한 비더버그 분)가 학교에 새로 부임하게 된 37세의 비올라라는 여선생을 짝사랑하게 되며 전개된다. 소년은 틈만 나면 그녀를 엿보기 시작한다. 도서관에서 책을 정리하던 그녀의 옆 모습, 하얀 목덜미, 그리고 그녀의 길고 푸른 원피스 사이로 보이는 가터 벨트는 사춘기 소년의 욕망을 자극하고도 남는 이미지였던 것이다.

소년은 자신의 욕망을 애써 숨기지 않는다. 스티그는 저돌적으로 선생님에게 구애하고 결혼생활에 만족하지 못하던 비올라는 망설임 없이 소년과 관계를 맺는다. 비올라는 소년을 자신의 아파트로 틈만 나면 불러들이고 그녀의 알코올중독 남편은 둘의 사이를 눈치채고 있는 듯 하지만, 스티그를 아들처럼 보듬어 준다.

스티그는 서서히 이런 부적절한 관계에 염증을 느끼게 되고 때마침 동갑내기 여학생과 사랑에 빠진다. 비올라는 질투와 외로움에 스티그에게 누명을 씌워 교장에게 보고한다. 그러나 더 큰 비극은 스티그의 분신과도 같았던 형이 전쟁에서 전사했다는 소식을 듣게 되는 것이다. 스티그는 졸업식 날 강당으로 찾아간다. 졸업생과 부모들이 앉아 있는 강당을 가로질러 졸업생의 이름을 호명하는 그녀 앞에 선다. 그리고는 바지의 지퍼를 내리고 안절부절 못하는 그녀를 비웃고는 학교를 떠난다.

〈아름다운 청춘〉은 이 둘의 섹스를 기본 골자로 하고 있지만 그 저변에 '전쟁'과 '권력'이라는 굵직한 획을 끊임없이 드러내고 싶어한다. 작품의 외피에서는 전쟁을 겪고있는 사람들의 일상에서 일어날 수 있는 가장 로맨틱하고 파격적인 사건이 그려진다. 그 위에 사춘기의 일탈과 전쟁의 가혹함을, 금기된 관계로 연명한 한 소년의 이야기가 교차하는 것이다.

그러나 영화는 외피를 지표 삼아 심연에 대해 생각하게 한다. 금기된 관계는 늘 그렇듯, 추악한 바닥을 드러낸다. 스티그는 권력투쟁의 집약체인 전쟁에 형의 목숨을 내준지 얼마 되지 않아 비올라의 복수로

출처 IMDB

〈아름다운 청춘〉은 그가 살았던 사회상에
'소년, 여선생을 만나다' 이야기를 입힌 한 편의 시 같은 작품이다.
1995년에 제작되어 한국에는 1997년에 개봉했는데,
소년과 여선생의 사랑이라는 주제 때문에
몇 차례 반려됐다가 배급되었다고 한다.

인한 또 다른 권력의 희생자가 된다. 그가 이 관계에서 얻어낸 것은 연상의 여자와의 사랑도, 처음 눈뜨게 되는 아름다운 성도, 최소한의 도피도 아니다. 그는 권력의 패악질과 음란의 탐닉이 숨을 다했을 때의 발악을 몸으로 인생으로 익힌 것이다. 이러한 의미에서 영화의 말미에 소년이 비올라 앞에서 자신의 성기를 정면 노출하는 것은 일종의 남근적 상징phallic symbol으로, 권력에 대한 조롱이자 음란에 탐닉했던 자신에 대한 자조 섞인 비난으로 볼 수도 있지 않을까 싶다.

충격적인 비하인드 이야기를 하자면, 이 영화는 보 비더버그 감독의 세미 바이오 그래피semi-biography, 즉 그의 경험담을 어느 정도 극화한 것으로 알려져 있다. 그러한 이유로 작품에 등장하는 마을과 학교들이 모두 실제 감독이 살았고 다녔던 장소들을 사용했다고 한다. 같은 이유로 다른 배우가 아닌 본인의 아들을 주연 배우로 캐스팅 했는지도 모를 일이다. 소재가 감독의 스토리에서 차용되었다는 부분에서 호불호가 갈릴 수 있을 것 같기는 하나, 그러한 자전적 리얼리즘의 순기능이라면 영화가 비올라 선생님을 따라가는 시선이다. 그녀를 비추는 카메라의 시선은 옷감을 짜내듯 정성스럽다. 비올라의 푸른색 원피스, 그 원피스에 달린 수많은 단추들까지 카메라는 직선으로 줄을 세우듯 조밀하게 파고든다.

얼토당토 않는 번역의 국내 개봉 제목인 〈아름다운 청춘〉은 이 영화에 존재하지 않는다. 원제는 'Lust och fägring storGreat Lust and Beauty', 즉 위대한 음란과 아름다움이란 뜻이다. 비더버그 감독에게 그의 유년 시절은 음란과 아름다움이 공존했던 시기로 기억이 되는 듯하다. 또한 영화 전반에 걸쳐 흩뿌려지듯 등장하는 헨델의 "Lascia Ch'io

Pianga"(울게 하소서)는 그 음란과 아름다움이 도피가 되지 못했던 전쟁 시절 그가 겪은 울분을 역설하는 목소리로 들리기도 한다.

서른네 번째 영화 : <바브 와이어>(1996)

과장의 미학
그리고 38 DD의 여전사

'유명세' 자체가 직업인 사람들이 있다. 특정 직업도 없이 타블로이드를 휩쓸었던 패리스 힐튼이 "유명한 것으로 유명한 셀럽she is famous for being famous"으로 불리었던 것처럼 말이다. 2000년대 이후에 패리스 힐튼이 있다면 1990년대에는 파멜라 앤더슨이 있었다. 캐나다 출신의 앤더슨은 <플레이보이>지의 모델로 이름을 알리다가 인기드라마, <베이 워치>에서 구조대원으로 출연한 뒤 일약 스타로 떠올랐다.

플레이보이 출신이라는 그의 이력으로 추측할 수 있듯이 <베이 워치>의 출연으로 그가 주목받게 된 것은 연기력 때문이 아니다. 형편없는 연기력과 발음에도 대중들은 성형수술로 만들어낸 DD 컵 사이즈의 가슴과 기형적으로 잘록한 허리에 열광했던 것이다. 앤더슨은 머틀리

크루의 드러머, 토미 리와 키드 락 등의 문제적인 인물들과 결혼을 한 것 이외에 해서는 안될 일을 한 것이 있는데 그것은 바로 영화의 주연으로 출연한 것이다. 데이비드 호건의 1996년 연출작, 〈바브 와이어〉는 동명의 애니메이션을 기반으로 만든 SF 액션 영화다. 영화는 '최악의 영화'를 포함한 골든 래즈베리 상의 6개의 부문에 노미네이트되는 기염(?)을 토하기도 했으나 2011년에 블루 레이로 출시 되면서 B급 영화의 전설로 부활했다.

〈바브 와이어〉의 배경은 2017년, 내전으로 황폐화된 미국이다. 과격 보수집단에 의해 정부가 파괴되고 '스틸 하버'라는 도시를 제외한 모든 곳에 계엄령이 내려진 상태에서 저항군과 보수 과격파의 전쟁이 계속되고 있다. 무법과 범죄가 난무하는 스틸 하버에서 바브 와이어(파멜라 앤더슨)는 클럽을 운영하고 있는 사장이자, 현상금 사냥꾼으로, 그리고 때때로 스트리퍼로 일하며 살아가고 있다. 미국영화사상 가장 압도적인 스트립티즈 장면으로 알려진 이 영화의 오프닝은 무대 위의 바브를 보여주며 시작된다. '건gun'의 '워드 업word up'이 흘러나오고 무대 위에는 가슴이 노출된 검정 스판덱스 드레스를 입은 바브가 물세례를 맞으며 춤을 추고 있다. 파멜라 앤더슨이라는 확실한 섹스심벌을 내세우고 있는 영화답게 이 시퀀스는 그의 어마어마한 가슴을 모두 클로즈업으로 담는다. '효과'라기 보단 물폭탄에 가까운 물을 맞으면서도 용케 무대 위에서 그네도 타고 자극적인 춤을 보이는 바브에게 객석의 남자 손님들은 환호를 보낸다. 물줄기가 얇아지고 노래도 끝이 날 무렵, 한 취객이 바브에게 더 화끈하게 보여달라고 소리를 지르자, 바브는 12센티가 넘는 하이힐을 벗어 던져 남자의 이마에 명중시킨다.

출처 IMDB / Gramercy pictures

이 영화에서 가장 고통스러운 두 가지 요소는
줄거리의 허술함과 앤더슨의 나레이션이다.
특히 과도한 콧소리와 불안정한 발음으로 숱하게 비판을 당했던 앤더슨이
폭력과 내전으로 짓밟힌 세계를 서술하는 대목들에선 실소가 터져 나온다.
그러나 강조하고 싶은 것은 명백한 단점들을 보상할 만한
묘한 매력포인트들이 영화 속에 산재하고 있다는 점이다.
시퀀스 마다 바뀌는 앤더슨의 스판덱스 의상과
그의 클럽을 통해 보여 지는 디스토피아의 재현은
이 영화의 배짱 좋은 유치함을 사랑하지 않을 수 없게 만든다.

간략하지만 강렬한 5분 정도의 인트로로 이 영화가 설정한 바브의 소개가 확실히 전달된 셈이다. 그는 섹시하고, 남자의 시선을 즐기지만 그들의 조롱은 참지 않는 38 DD 컵의 여성 히어로인 것이다. 또한 바브에게는 숨겨진 비밀이 있다. 그는 과거 저항군으로 활동했었으나 함께 했던 연인에게 시련을 당하고 현재는 닥치는 대로 돈을 모아 캐나다로 떠나려는 계획을 가지고 있다. 클럽도 잘 되고 돈도 모일 즈음, 바브에게 옛 연인, 액슬(테무에라 모리슨)이 찾아온다. 그는 저항군의 우두머리, 드본셔(빅토리아 로웰) 박사를 캐나다로 피신시키는 임무를 맡고 바브에게 도움을 청하러 찾아온 것이다. 자신을 두고 갔던 옛 연인이 반가울리 없지만 바브는 자신에게 잠재했던 저항군의 피를 느끼고 이들의 피신을 돕는다. 과격파와의 총격전에서 완승한 바브는 엑슬과 드본셔 박사를 무사히 공항까지 에스코트하고 유유히 사라진다.

이 영화에서 가장 고통스러운 두 가지 요소는 줄거리의 허술함과 앤더슨의 나레이션이다. 특히 과도한 콧소리와 불안정한 발음으로 숱하게 비판을 당했던 앤더슨이 폭력과 내전으로 짓밟힌 세계를 서술하는 대목들에선 실소가 터져나온다. 그러나 강조하고 싶은 것은 명백한 단점들을 보상할 만한 묘한 매력포인트들이 영화 속에 산재하고 있다는 점이다. 시퀸스 마다 바뀌는 앤더슨의 스판덱스 의상과 그의 클럽을 통해 보여지는 디스토피아의 재현은 이 영화의 배짱 좋은 유치함을 사랑하지 않을 수 없게 만든다.

서른다섯 번째 영화 : <해피 엔드>(1999)

가부장 신화의 몰락

보라(전도연)는 퇴근 후 집이 아닌 어딘가로 향한다. 그녀의 구두소리에서 초음을 다투는 조급함이 느껴진다. 초인종을 누르자 한 남자(주진모)의 손이 문을 열어준다. 집으로 들어온 보라는 남자의 눈을 잠시 응시하더니 옷을 벗기 시작한다. 이 남자의 품을 그리워했던 것이 틀림없다. 남자 역시 서둘러 옷을 벗고는 보라의 입을 맞춘다. 남녀의 손이 분주해진다. 무언가에 쫓기듯 남녀는 서로의 몸을 만지고, 기다려왔던 순간을 맞는다. 숨이 넘어갈듯한 절정을 나눈 후, 보라는 서둘러 옷을 입고 딸과 남편(최민식)이 있는 집으로 향한다. 구두소리는 게을러지고 초인종을 누르는 손은 주저한다. 문을 열어주는 남편을 보는 순간, 숨이 막혀온다.

보라는 대학 때부터 자신을 좋아했던 남자 일범을 만나오고 있다.

남편 민기는 실직상태에 낮에는 헌책방에서 소설이나 읽으며 시간을 보낸다. 그런 남편이 보라는 넌덜머리가 난다. 태어난 지 몇 달 안 된 딸까지도 버겁기만 하다.

정지우 감독의 1999년 연출작 〈해피 엔드〉는 실직한 남편이 아내의 외도를 알게 되면서 벌어지는 복수극을 다룬 스릴러다. 한국이 금융위기IMF를 맞은 시기에 개봉된 〈해피 엔드〉는 나라 전역에 팽배한 불안과 위기를 복수와 치정서사를 통해 신랄하고도 절묘하게 그려내 호평을 받았다. 곽한주는 포스트 IMF 영화들에서 공통적으로 '우울의 무드'가 지배적으로 보여진다 하여 이 영화들을 '우울의 영화'라고 일컫기도 했다.[17] 〈해피 엔드〉는 이 시기에 탄생한 '우울의 영화'의 전형으로 추락한 남성을 통해 사회적 상실을 치밀하게 보여준다.

민기는 실직당했지만 보라가 운영하는 영어학원은 호황을 누린다. 학원이 잘 될수록 보라는 남편에 대한 분노와 경멸을 노골적으로 드러낸다. 이들의 차이는 경제적인 계급뿐만 아니라 보라가 각각의 남성과 성관계를 맺는 태도로도 보여진다. 일범이 적극적으로 보라를 리드하고 여자의 전신을 조종하는 반면, 민기는 부동不動에 가까운 포즈로 보라의 몸 위에 얹혀(?) 있을 뿐이다. 보라가 꾸려가는 가정에 기생하는 민기의 형편을 상징적으로 보여주는 대목이다.

그럼에도 민기는 자신의 천성대로 꼼꼼하고 꿋꿋하게 해야할 일들을 해 나간다. 빨래와 장보기는 물론이고 보라가 오는 시간에 맞춰 저녁식사를 준비하는 일도 그의 몫이다. 문제는 그의 꼼꼼함으로 보라의

---

17 곽한주, 〈포스트IMF기 한국영화에 나타난 우울의 양상〉, 한국영화학회, 63호, 2015년, 5쪽-36쪽

외도가 들통나버렸다는 것이다. 충격을 극복하지 못해 안절부절하는 중 사건이 일어난다. 아내가 일범을 만나러 가기 위해 어린 딸에게 수면제를 먹이고 외출을 한 것이다. 민기는 분노한다. 그동안 참아왔던 멸시와 수치는 광기로 탈을 바꾸고, 민기는 보라를 죽일 완전범죄를 계획한다.

정지우가 인물을 설정하는 방법이 눈에 띈다. 민기와 보라를 단순히 성격적으로 대비되는 인물로만 그리는 것이 아닌 그들의 직업과 취향으로 대조적인 음영을 만들어 내는 것이다. 예를 들어 민기가 완전범죄를 구성할 수 있는 치밀함은 그가 은행에서 근무했다는 전적으로 유추가 가능하다. 또한 그가 소심하고 꼼꼼한 인물임에도 틈만 나면 고서점에 들러 연애소설과 추리소설을 읽는 것이 취미라는 설정은 그가 완전범죄를 계획하는 데 있어 필요한 서사를 구축하는 것이 어렵지 않았을 것이라는 추론을 할 수 있게 한다. 반대로 보라는 정리해고가 무성하던 시기에 영어학원을 운영할 정도로 이해타산이 빠르지만 영수증 한 장을 제대로 챙기지 못해 외도를 들키게 되는 경솔한 인물이기도 하다. 따라서, 딸을 재우고 나가기 위해서 수면제를 이용한다는 설정에 설득력을 주고자 한 것이다.

〈해피 엔드〉는 민기가 아내를 살해하고 일범의 집에서 가지고 나온 가짜 증거들로 누명을 씌운다는 결말로 씁쓸하게 끝을 맺는다. '씁쓸한 결말'이라 여겨지는 이유는 살해가 처벌되지 않아서가 아닌, 1990년대 후반을 지배했던 절망과 패배의 기운이 인물들의 비극으로 체화되는 듯한 징후로 보여지기 때문이다. 영화는 분명 그러한 1990년대 사회상을 밀도 높은 스릴러로 변환했다는 점에서 호평을 받을만 하다. 그럼에도 영화의 기승전결이 철저히 '실패한 가장'을 위한 위로적 서사로 짜여져 있어 남녀의 도덕적 이분법이 불가피했던 것으로 보인다. 보라, 즉 여성의 캐릭터가 민기라는 남성의 캐릭터에 비해 단순하고 즉흥적이며 맹목적으로 비춰지는 것은 그런 연유일 것이다.

서른여섯 번째 영화: <부기 나이트>(1999)

1980년대 포르노 황금기에 대한 유쾌한 조소

포르노그래피의 역사는 선사시대까지 거슬러 올라간다. 문명이 출현하기도 전 원시인들에 의해 바위나 벽에 그려진 섹스 그림들은 포르노그래피의 최초라 할 수 있다. 오랜 시간이 흘러 미국에서 영화검열 혹은 자진검열의 수단으로 쓰였던 영화제작코드Hollywood Production Code가 폐지되면서 1969년 팝 아트의 거장 앤디 워홀이 연출한 <블루 무비>(1969)를 시작으로 비디오 시장이 부상하는 1980년대 중반까지 미국과 세계 전역의 전용극장에서 개봉되었던 포르노 영화는 황금기를 맞게 된다.

폴 토마스 앤더슨의 <부기 나이트>(1999)는 미국 포르노 산업의 황금기, 즉 1970년대 말 미국 서부의 샌 페르난도 밸리를 중심으로 정점에 이르렀던 포르노 업계와 실존했던 스타의 이야기를 그린다.

출처 Institute of Contemporary Arts

〈부기 나이트〉는 1980년대를 지배했던 디스코 음악,
형형색색의 화려한 의상과 함께 코믹하게 그려지지만
무엇보다도 신랄하고 애잔하다.
'드림 팩토리'라고 불리었던 영화산업의 추악한 이면과
그 안에서 잉태된 스타들의 슬픈 말로를 가감 없이 그리기 때문이다.

촌구석 출신의 17살 에디(마크 워버그)는 고등학교를 중퇴하고 클럽에서 잡일을 하며 시간을 보낸다. 낮에는 카센터, 밤에는 클럽 일로 한심하게 살아가는 듯 하지만, 그에겐 언젠가 스타가 될 것이라는 장대한 목표가 있다. 그의 방을 뒤덮고 있는 이소룡과 셰릴 티그로의 포스터들은 에디의 환상적 미래를 자극하는 청사진들이다. 에디가 스타가 될 것이라고 자부하는 이유는 그에게 뛰어난 외모나 연기력이 있어서가 아니다. 바로 13인치에 달하는 그의 성기와 그가 원할 때 언제든 가능한 '발기력'이다.

여느 날처럼, 취객들이 남기고 간 난장판을 치우고 있던 에디는 포르노 영화의 거장인 잭(버트 레이놀즈)의 눈에 띈다. 잭은 직업적인 본능으로 산더미 같은 접시를 주방으로 나르고 있는 에디를 쫓아간다. 바지 속에서도 '존재감'을 드러내는 그의 성기를 알아본 것이다. 주방으로 들어와 말을 붙이는 잭에게 에디는 능숙한 말투로 "손으로 하는 걸 보기만 하면 10달러, 만지는 것은 20달러"라며 흥정을 한다. 간만에 대단한 '물건'을 찾았다는 성취감에, 방황하고 있는 듯한 청년을 향한 측은지심으로 잭은 에디에게 자신의 영화에 출연해볼 것을 권한다.

그렇게 에디는 '더크 디글러Dirk Diggler'라는 예명 아래 포르노 영화 배우로서의 새로운 인생을 시작한다. 첫 촬영이 있던 날, 잭은 더크에게 오랜 파트너이자 포르노 업계의 여신 앰버(줄리앤 무어)와의 섹스씬을 요청한다. 워밍업도 거치지 않고 발기하는 뛰어난 능력을 보이는 더크에게 모든 스탭들은 아연실색 한다. 포르노 역사에 남을 남 다른 성기뿐이 아닌 업계에 최적화된 재능을 가진 인물이 드디어 탄생한 것이다. 데뷔하자마자 더크는 포르노 영화업계의 황제로, 4년에 걸친 성인 영화상Adult Film Awards의 주역으로 승승장구하게 된다.

안타까운 일이지만 인생의 클리쉐는 어김없이 재현되는 법이다. 벼락 스타가 된 인생들의 대부분이 증명하듯, 부귀영화의 단물은 오래 가지 못한다. 벌어들인 돈으로 고급 스포츠 카와 저택 등을 사들이며 재산을 탕진하고, 무엇보다 헤로인과 각종 마약 중독으로 더크는 나락에 떨어진다. 약값을 벌기 위해 거리를 전전하며 뭇 남성들의 마스터베이션을 돕는 것은 포르노 산업의 황제로 군림하던 더크의 생계가 된다.

영화 〈부기 나이트〉는 앤더슨 감독의 고등학생 시절에 연출했던 단편 〈더크 디글러 이야기Dirk Diggler Story〉(1988)를 장편으로 만든 작품으로 실존했던 포르노 배우 존 홈즈의 흥망성쇠를 극화한 영화다. 남다른 페니스로 스크린을 압도했던 더크 디글러의 인생사는 1980년대를 지배했던 디스코 음악, 형형색색의 화려한 의상과 함께 코믹하게 그려지지만 무엇보다도 〈부기 나이트〉는 신랄하고 애잔하다.

'드림 팩토리'라고 불리었던 영화산업의 추악한 이면과 그 안에서 잉태된 스타들의 슬픈 말로未路를 가감 없이 그리기 때문이다. 하늘을 찌를 듯이 유행했다가 번개같이 사라져 버린 영화의 제목, '부기'(디스코 음악의 한 장르)는 잊혀진 스타들을 향한 대중의 조롱을, 그럼에도 이따금씩 그리워지는 아련함을 역설하기도 한다.

제6장 ●

2000년대 이후
혁명으로서의 섹스 그리고 에로티시즘

공교롭게도, 필연적이게도 6장에 담겨 있는 모든 영화 속에서의 섹스가 혁명의 기제로 사용된다. 이는 프랑스 68혁명의 처절함과 불가피함을 회고하는 젊은 섹스이기도 했다가, 지리멸렬한 일상의 전복을 담지하는 섹스이기도 하다. 무엇보다 이들의 영화에서 섹스는 계급적, 종교적, 젠더적, 일상적 가치를 전복하고 혁명을 시작하는 도구적 행위로 보여진다는 것이다. '공교롭고 필연적이다'라고 언급한 이유는 '섹스는 곧 혁명'이라는 이 챕터의 슬로건이 곧 이 책이 쓰여진 이유이자, 앞장에서 다루는 100여년의 전사(前史)로 피력하고 싶었던 이야기이기 때문이다. 본문에서 언급되겠지만, 이 영화들 속에서 섹스와 혁명은 정확히 같은 것이다. 그것은 저항이자 도전이다. 6장은 그러한 인류의 혁명적 섹스를, 섹스를 통한 혁명의 행보를 비춘 영화들을 포착한다.

서른일곱 번째 영화: <생활의 발견>(2002)

지리멸렬한 생활은
끊임없이 발견된다

2002년 작품 <생활의 발견>은 홍상수 감독의 네 번째 연출작이다. 15년도 더 된 작품이지만 다시 꺼내 보니 제목이 새롭다. '생활의 발견' 이라니… 무색무취의 공기처럼 매일의 일상을 휘감고 있는 생활을 우린 '발견'할 수 있는 걸까? 영화는 그렇게 생활을 '발견'하는 남자의 이야기다. <생활의 발견>은 주인공 경수(김상경)의 생활의 발견이기도 하고 우리 모두의 생활의 발견이기도 하다.

연극 배우 경수는 기다리던 배역에서 퇴짜를 맞고 영화사에서 뜯어낸 100만 원을 챙겨 춘천으로 떠난다. 그곳에 사는 선배를 통해 무용학원 강사 명숙(예지원)을 만나게 된 경수는 셋이 가진 술 자리 후 명숙과 잠자리를 갖는다. 선배가 짝사랑하는 여자지만, 명숙의 유혹을 뿌리치지 못한 것이다. 한 번의 잠자리 후 명숙은 경수에게 집착하기 시작한

출처 네이버영화

무색무취의 공기처럼 매일의 일상을 휘감고 있는 생활을
우린 '발견'할 수 있는 걸까?
영화는 그렇게 생활을 '발견'하는 남자의 이야기다.
〈생활의 발견〉은 주인공 경수의 생활의 발견이기도 하고,
우리 모두의 생활의 발견이기도 하다.

다. 사랑한다는 말을 해달라는 명숙을 경수는 단호하게 거절하고 집으로 향하는 버스에 몸을 싣는다.

경수의 다음 에피소드는 부산으로 향하는 기차 안에서 전개된다. 그리고 그는 옆자리에 앉게 된 선영(추상미)에게 반한다. 경수를 단박에 알아보고 그의 작품들을 기억해주는 이 여자가 별 볼 일 없는 배우에게는 구원이자 사랑인 것이다. 결국 선영의 고향인 경주에 내려 무작정 선영을 찾아내는데 성공한다. 선영은 유부녀지만 집요한 경수의 구애에 넘어가고 둘은 역시 술 자리 후 관계를 가진다. 다음 날 또 다시 선영을 설득해 여관으로 향했지만 경수는 잠자리에서 실패하고 집으로 가서 돈을 좀 가지고 나오겠다던 선영은 경수를 밖에 세워놓고는 끝내 나타나지 않는다.

영화 속에서 며칠 동안 경수는 두 여자를 만나 두 종류의 관계를 갖는다. 첫 번째 관계는 몸이 원한 관계고 두 번째 관계는 마음이 원한 관계다. 표면적으로 보면 상반된 것 같지만 결국은 같은 본질을 공유하는 것으로 보인다. 술 김에 자게 된 명숙은 선물이며 배웅이며 몸과 마음을 주었지만 경수에게 외면당했고, 경수가 운명적 사랑이라고 착각했던 선영은 그를 외면했다. 남은 것도 빼앗긴 것도 없이 서로가 나눈 것은 공허한 섹스뿐이다.

이렇든 저렇든 결국은 반복되는 생활이라는 것을 감독 홍상수는 섹스씬을 통해 말하려는 것처럼 보이기도 하다. 경수가 명숙, 선영과 나누었던 각각의 섹스는 그의 사랑 유무와 상관 없이 비슷하다. 각 에피소드에서 침대 위의 남녀는 체위도, 나누는 말도 별반 다르지 않다. 심지어 명숙과 선영은 머리 끈을 풀어 침대 시트 위에 올려놓는 것까지

똑같다. 경수 또한 그의 위치, 대사 등 대부분이 과거에 했던 일상적 행위이고 앞으로 일어날 일의 예정된 '반복'인 것이다.

경수의 며칠 혹은 그가 거친 몇 차례의 섹스를 통해 관객이 목도하는 것은 '인간의 생활'이고 우리 모두의 생활이기도 하다. 지리멸렬한 일상에서 우리는 조우하는 존재들과 무언가 다른 비非 일상적인 것을 꿈꾸지만 그들과 가는 장소도, 하는 일도 결국 또 다른 지극히 일상적인 생활의 한 부분을 만들어 내는 일이다.

그런 맥락에서 경수의 주변인물들이 인간에 대해 언급하는 말들 역시 영화 〈생활의 발견〉 전반에 팽배한 고질적 염세주의와 시선을 함께 한다. 예를 들어, 경수가 서울에 있을 때 영화사에서 만난 선배는 "인간이 되기 힘들지만 괴물이 되진 말자"라는 말을 하며 출연도 하지 않은 영화로 돈을 받아가는 경수에게 쏘아붙인다. 춘천 에피소드에서 짝사랑하는 여자와 자서 미안하지만 화내지 말라는 경수에게 선배는 "사람에게서 사람 이상의 것을 요구하지 말라"라는 말을 남긴다. 영화에서 재현되는 인간, 사람 혹은 생활은 궁극적으로 하나의 이야기를 관통한다. '사람답다' 라는 기준이 어쨌든 간에 상황에 따라, 사람에 따라 우리 모두는 괴물이 되고 그것이 사실상 우리 생활의 본질인 것이다. 경수가 돈과 여자를 위해 그랬듯 말이다. 생활을 발견해 보면 그토록 치졸하고 유치한 순간들이 빼곡하다.

참으로 우울하고 지긋지긋한 영화지만 〈생활의 발견〉을 다시 찾는 것은 아마도 인정하기 싫은 기시감 때문이 아닐까 생각된다. 지독하지만 그럼에도 필연적이라고밖에 할 수 없는 영화의 발견이다.

서른여덟 번째 영화: <색, 계>(2007)

혁명과 사랑
그 불안한 언저리

혁명의 일원이 되는 순간부터 더 이상 목숨의 안위를 관망할 수 없는 존재가 된다. 그러나 역사의 곳곳에 묻힌 수많은 고귀한 생명들이 그렇게 혁명을 통해 자유와 독립을 쟁취했다. 2007년 개봉한 이안 감독 연출의 〈색, 계〉는 일본의 중국 침략 시기를 배경으로 독립운동을 펼쳤던 젊은 여대생 '왕지아즈'(탕 웨이)의 이야기를 다룬다. 혁명에 참여했던 왕지아즈도 혁명의 시기에 희생된 한 인물이지만, 아이러니하게도 목숨을 건 희생으로 그가 구하고자 한 것은 독립이 아닌 사랑이었다.

평범한 여대생이었던 왕지아즈는 연극부에서 활동하다가 뜻이 맞는 동지들을 만나 독립운동에 가담하게 된다. 이들은 독립운동가들을 색출해 사살하는 친일파 정보부 대장, '이 선생'(양조위)을 암살하고자 하는 계획을 세운다. 왕지아즈는 암살 계획의 핵심 인물로 홍콩 무역상의 아내 '맥 부인'으로 위장하고 이 선생 부인의 사교 모임을 통해 이 선생에게 접근한다. 폭력과 고문을 일삼는 냉혈한 이 선생을 유혹해서 암살에 성공하는 것이 왕지아즈의 임무다.

빨간색 립스틱과 메니큐어를 바른 왕지아즈가 자신의 부인과 마작을 하는 것을 볼 때마다 이 선생은 왕지아즈를 향한 시선을 접지 못한다. 이 선생은 이제 막 소녀의 테를 벗은 왕지아즈의 젊음과 미모의 덫을 문다. 이 선생은 자신의 집을 방문하고 있던 왕지아즈에게 몰래 운전사를 보내 호텔로 오게 한다. 떠들썩한 상하이의 호텔 방에서 그들은 혁명만큼이나 뜨거운 정사를 벌인다.

권력의 노예가 되어 나라를 배신한 이 선생은 왕지아즈와의 첫 잠자리에서도 자신의 폭력성과 뻔뻔함을 그대로 드러낸다. 여자도 자신을 원하고 있다는 걸 알면서도 이 선생은 왕지아즈가 걸치고 있던 옷과 액세서리를 갈갈이 찢고 사랑을 나눌 때도 자신의 얼굴을 바라보지 못하도록 짓밟는다. 그렇게 처참한 정사가 끝나고 왕지아즈는 혼자 남겨진 침대 위에서 한참 동안이나 눈물을 쏟아낸다.

그 이후로 이 선생은 틈만 나면 왕지아즈를 호텔로 불러낸다. 짐승처럼 왕지아즈를 취했던 이 선생이었지만 그는 점점 여자에게 마음을 연다. 놀라운 것은 자신의 동지들을 고문했던 배신자이자 암살 목표인 이 선생에게 왕지아즈도 서서히 빠져든다는 것이다. 그가 침대 안으로 들어올 때면, 어느 새 화장이 모두 지워진 왕지아즈의 얼굴에 홍기가 가득하다. 그런 왕지아즈를 바라보는 이 선생의 희미한 미소를 보면서 혁명을 위한 희생으로 내 걸었던 왕지아즈의 몸은 매일 밤 배신자를 안고 싶어 안달이 나는 몸으로 변해간다.

　사랑인지 위장인지 모를 위험천만한 감정이 눈덩이처럼 불어나고 있던 즈음, 이 선생은 왕지아즈에게 고가의 분홍색 다이아몬드를 선물한다. 보석의 미색美色 때문일까, 아니면 이젠 너무나도 커져버린 남자를 향한 사랑 때문일까. 왕지아즈는 불안함으로 그러면서도 묘하게 자신을 잡아끄는 설렘으로 밤낮을 고뇌한다.

　결국 이 선생의 암살 날짜가 정해진다. 몇 년에 걸쳐 진행되어 온 왕지아즈의 위장 임무에 종지부를 찍을 수 있게 된 것이다. 그러나 결정적인 순간, 여자는 남자를 선택한다. 자신에게 반지를 끼워주려던 이 선생에게 도망치라고 말한 것이다. 그리고 생포된 여자는 이 선생에 의해 숙청당한다.

　이들의 혁명은 실패했다. 그러나 영화 〈색, 계〉는 수많은 젊은이들의 희생을 보상하지 못하고 실패한 혁명에 대한 죄를 묻지 않는다. 대신 157분에 걸친 대서사극에서 그려지는 혼란의 시대時代는 남녀의 몸이 섞이는 순간의 치명적임과 적으로 만날 수밖에 없는 이들의 경계를 처연하게 바라본다. 특히 양조위와 탕웨이의 뛰어난 시선 연기는 이 선생과 왕지아즈가 만나 서서히 서로의 경계를 넘어가는 과정을, 혁명과 사랑 그 불안한 언저리를 섬뜩할 정도로 섬세하게 전달한다. 개봉 당시 사실적인 정사 장면으로 주로 화제가 되었던 작품이었지만 〈색, 계〉는 혁명 대신 사랑을 택한 여성이 치러야 했던 비극적인 대가에 대한 시대적 응시로 가득한 영화다.

서른아홉 번째 영화: <아이즈 와이드 셧>(2000)

거장의 마지막 신음

에로티시즘을 예술의 영역에서 표현하기란 어려운 과제다. 하루 밤 일탈도, 혹은 수 년을 품어 왔던 상대와의 기다리던 의식도, 찰나의 엑스터시는 몸과 체액을 섞는 그 이상도 이하도 아닌, 전적으로 본능의 실천으로 맺어지는 과실이기 때문이다.

아이러니하게도 그렇기에 엑스터시는 거부하기 힘든 금단의 열매 같은 것이다. 원칙과 체면을 걷어낸 알몸으로만 얻어낼 수 있는 그것이기에 신비롭고 매혹적이다. 스탠리 큐브릭의 유작인 <아이즈 와이드 셧>에서는 아무도 그런 것 같지 않지만 누구나 갈망하는 금단의 행위들이 거장의 예술적 사유를 담은 아름답고 철학적인 장면들로 전시된다.

영화는 뉴욕의 한 호화로운 커플 의사 빌 하포드(탐 크루즈)와 갤러리의 오너였던 그의 아내, 앨리스 하포드(니콜 키드먼)를 중심으로 펼쳐진다. 사회적 지위로도, 수려한 외모로도 선망의 대상이지만 이들은 누군가를 욕망하고 싶은 욕구를 애써 감추고 사는 허울뿐인 커플이다. 서로에 대한 욕망도 질투도 없는 부부는 함께 있는 순간에도 각자 식당에서 보게 된 이에게, 파티에서 마주친 타인에게 의미 없이 흔들리고 흥분한다. 누군가를 욕망하는 것이 아닌, 욕망하는 행위, 즉 엿보고 만지고 싶은 행위가 필요한 것이다.

모처럼 저녁시간을 함께 보내던 빌에게 앨리스는 "가정을 다 버리고 싶을 정도로 강렬한 유혹의 순간이 있었다"며 뜬금없는 고백을 한다. 식당에서 우연히 옆에 앉게 된 해군 때문에 몇 날 며칠을 성적 환상에 사로잡혀 아무것도 할 수 없었다는 앨리스의 이야기를 듣고 빌은 충격을 받는다.

이로 인한 빌의 충격 역시 모든 것을 다 버리고 싶을 정도로 적지 않은 것이다. 혼란스러운 그는 대학 동창인 닉이 "비밀스럽고 위험한 성"에서 피아노 연주를 한다는 말을 전해 듣고 잠입을 감행한다. 아내의 배신에 마음을 둘 곳이 없어 어쩌다 흘러들게 된 이 공간에서 빌이 목도한 것은 난교의 의식이다. 지도자인 것으로 보이는 한 인물이 지팡이를 내리치는 순간 가면으로 얼굴을 가린 무리의 사람들은 거대한 성의 곳곳에서 두 명씩, 세 명씩 무리지어 누군지도 모르는 이의 몸을 탐하고 훔치는 것이다. 눈 앞에 펼쳐지는 집단적 엑스터시에 전율하지만 이 순간의 쾌락으로 결국 빌은 이름 모를 집단에 의해 응징을 당하고 가족을 위험에 처하게 한다.

〈아이즈 와이드 셧〉은 아서 슈미츨러의 1926년에 발표된 소설, 《꿈

출처 IMDB / Warner Bros. Pictures

스탠리 큐브릭의 유작인 〈아이즈 와이드 셧〉에서는
아무도 그런 것 같지 않지만 누구나 갈망하는
금단의 행위들이 거장의 예술적 사유를 담은
아름답고 철학적인 장면들로 전시된다.

의 이야기》를 바탕으로 만들어졌다. 전작들에 비해 혹평과 범작이라는 평이 혼재한 낮은 평가를 받았지만 영화는 큐브릭의 미학과 예술가적 입장을 분명히 전달한다. 가령, 〈아이즈 와이드 셧〉을 둘러싸고 가장 문제가 되었던 시퀀스, 비밀의 성에서 이루어지는 난교의 장은 영화적 미학이 발휘된 수려한 시퀀스다. 주인공인 빌의 시선 쇼트로 먼 발치에서 보여지는 남녀의 집단 섹스는 빌이 방을 옮겨갈 때마다 많은 인물들이 관계하는 다양한 방법의 섹스로 보여지지만 흥분하거나 오르가즘을 갖는 특정 인물의 미세한 클로즈업은 한번도 등장하지 않는다. 이 모든 것이 관념적이고 몽환적인 인덱스로만 기능하는 것이다. 다시 말해, 난교의 시퀀스는 흥분과 배설을 서술하는데 초점이 맞춰진 것이 아닌 인간의 욕망과 관음하는 자의 욕망을 이미지화한 것으로 보는 것이 바람직하다.

자신이 하룻밤에 목도했던 것 그리고 그것을 탐욕했던 자신의 죄를 고한 빌에게 앨리스는 "모든것에 감사하며 살자"고 설교하듯 말하며 남편을 용서한다. 그리고 나직한 목소리로 속삭이는 앨리스의 마지막 대사, "지금 당장 우리가 꼭 해야 하는 것이 있어…. 섹스!"는 치명적이고 피상적인 엑스터시의 집착이 얼마나 고질적이고 공허한 것인가에 대해 다시금 성찰하게 한다.

개봉 당시 스탠리 큐브릭의 유작이라는 점과 당시에는 부부였던 탐 크루즈, 니콜 키드먼의 동반 출연으로 부각이 되었던 작품이지만 〈아이즈 와이드 셧〉은 인간의 집착과 위선에 대한 비판적 사유로 가득한 거장의 통렬한 우화다.

마흔 번째 영화 : <몽상가들>(2003)

섹스의 혁명, 혁명의 섹스

섹스와 혁명은 어쩌면 같은 것이다. 젊고 뜨거우며, 불가피하다. 그렇기에 인류는 혁명을 하기 위해 섹스를, 섹스를 하기 위해 혁명을 했다. 오시마 나기사, 베르나르도 베르톨루치 같은 거장들의 작품은 정확히 그러한 인류적 집행執行을 담은 기록 같은 것이었다.

일본의 학생운동이 정점을 이르던 1960년대 말 전후에 만들어진 오시마의 작품들은 캠퍼스를 점령해 버린 사회적 분노를 성과 금기에 대한 정면 도전으로 호환하여 혁명의 정신과 연대했다. 오시마의 초기 영화들이 섹스의 재현을 통해 저항의 정점을 기록했지만 그 열기를 유지하진 못했다면 베르톨루치는 후반기까지 혁명의 순간과 발자취를 포착했다. <파리에서의 마지막 탱고>(1972)가 관습과 가치의 폭력을 은유적으로 재현했다면, <몽상가들>(2003)은 혁명에 한복판을 살아가고 있는 세 젊은이, 그리고 그들이 섹스를 나누며 혁명을 시작하고, 혁명을 시작하면서 섹스를 나누는 과정을 통해 혁명과 섹스가 사실상 같은 본체를 공유하는 것을 직접 묘사한 작품이다.

〈몽상가들〉의 배경은 1968년의 파리다. 미국인 유학생 매튜(마이클 피트)는 시네마테크에서 영화를 보는 일이 유일한 낙인 지독한 영화광이다. 68혁명의 기운이 응집되는 가운데, 시네마테크의 수장이었던 앙리 랑글로와가 해임되고 극장을 지키기 위한 학생들의 투쟁이 시작된다. 매튜는 시위장에서 쌍둥이 남매인 이사벨(에바 그린)과 테오(루이 가렐)와 마주치게 된다. 수려한 외모로 늘 시선을 잡아끌던 남매라 이들과 가까워지는 것이 그는 반갑다. 남매는 이방인 매튜를 집으로 초대하며 스스럼없이 대한다. 영화와 혁명에 대한 토론을 이끌어가는 매튜는 이사벨과 테오, 그리고 그들의 부모님들에게까지 환심을 산다.

이사벨과 테오의 부모님이 한 달간 여행을 떠나게 되고 남매는 매튜에게 같이 지낼 것을 제안한다. 루브르박물관에서 달리기 경주를 하거나, 시도 때도 없이 영화 속 장면을 흉내 내는 남매의 기행에 길들여 질 무렵 매튜는 이들이 나체로 한 침대에 누워 자는 것을 목격하게 된다. 가까스로 묵인하고 있던 매튜에게 남매는 게임을 제안한다. 영화 제목을 맞추는 게임에서 매튜는 지게 되고 벌칙으로 테오는 자신의 눈 앞에서 이사벨과 섹스할 것을 요청한다. 완강하게 반대했지만 이미 옷을 벗은 상태로 자신에게 다가오는 이사벨을 보는 순간, 매튜는 항복하게 된다. 결국 테오 앞에서 이사벨과 매튜는 관계를 갖고 바닥에 흐른 피로 매튜는 이사벨이 첫 경험이었음을 알게 된다.

미안함과 설렘이 교차하면서 매튜는 이사벨에게 완전히 빠진다. 이런 발칙한 게임 후에도 삼인방은 한 몸처럼 붙어 지낸다. 밤이면 셀러에서 와인을 뒤져 마시고 눈을 뜨면 혁명과 영화에 대해서 갑론을박을 나누는 것이 이들의 일상이다. 그러나 매튜는 내내 자신과 사랑을 나누고도 밤이 되면 테오의 방에 가서 잠들기 원하는 이사벨에게 화가 난다. 매튜는 이사벨을 데리고 밖으로 나간다. 평범한 파리의 커플처럼 이들은 극장에 가고 맨 뒷자리에 앉아 애무를 나눈다. 그럼에도 매튜는 테오의 부재를 견디지 못하는 이사벨의 불안함을 읽는다. 결국 이들은 테오의 품으로 돌아가고 몇 병 남지 않은 와인을 들이키며 셋은 다시 혁명을 꿈꾼다. 이사벨을 사이에 두고 테오와 매튜는 잠이 든다. 여행에서 돌아와 벌거벗은 남매와 매튜가 뒤엉켜 잠든 것을 본 부모는 경악하지만 조용히 아파트를 떠난다. 발각되었다는 걸 알게 된 이사벨이 자살을 시도하는 순간, 창문 밖에서 돌멩이가 날아온다. 투쟁이 시작된 것이다. 이들은 시위대에 참여한다. 테오는 화염병을 들고 이사벨은 늘 그랬듯이 그의 손을 잡는다.

〈몽상가들〉의 표피에는 근친성애와 쓰리썸 등의 파격적인 성 묘사가 만연하지만 영화의 시침時針은 여전히 가치와 이데올로기의 전복을 위한 투쟁에 향한다. 금기에 맞서는 것으로 시작된 세 젊은이들의 작은 혁명이 드디어 세상 밖으로 나가는 것이다. 68혁명은 실패했지만 말미에서 이들이 마침내 시위의 거리로 나가는 것은 베르톨루치를 포함한 모든 레지스탕스들의 염원일 것이다. 〈몽상가들〉의 엔딩에서 혁명은 다시 시작된다.

출처 IMDB / Fox Searchlight Pictures

〈몽상가들〉의 표피에는 근친성애와 쓰리썸 등의 파격적인 성 묘사가 만연하지만 영화의 시침은 여전히 가치와 이데올로기의 전복을 위한 투쟁에 향한다. 금기에 맞서는 것으로 시작된 세 젊은이들의 작은 혁명이 드디어 세상 밖으로 나가는 것이다.

마흔한 번째 영화: <박쥐>(2009)

욕망으로 영생을 얻다

　　　　박찬욱 감독은 국내에서나 해외에서나 긴 설명이 필요하지 않은 거장이지만 그의 마스터리mastery가 유달리 빼어난 부분은 섹스씬이다. 특히 박찬욱의 2009년작 <박쥐>에서의 섹스씬들은 너무나도 직접적이고 처절한 것이었다. 영화에서 뱀파이어와 인간이 나누는 섹스는 육체적 결핍을 채우는 것과 동시에 영靈적인 수혈이 되기도 한다.

　신부인 상현(송강호)은 봉사하러 갔던 아프리카 어딘가에서 전염병에 감염되고 치료 중 수혈받은 피로 인해 뱀파이어가 된다. 뱀파이어가 된 상현은 시도 때도 없이 쳐들어 오는 육체적 욕망을 주체할 수가 없다. 어느 날 상현은 초등학교 동창 강우(신하균)의 집에 방문했다가 그의 아내 태주(김옥빈)를 보고 반하게 된다. 고아인 태주는 시어머니(김혜숙)와 강우에게 학대에 가까운 히스테리를 감내하며 지옥 같은 인생을 꾸역꾸역 살아내는 중이다. 태주의 지친 얼굴을 간신히 받치고 있는 것처럼 보이는 하얗고 가녀린 목과 얇은 핏줄이 상현에게는 생존을 위한 피의 욕망이자 여자를 향한 욕망이다.

 태주 역시 상현에게 사랑을 느낀다. 태주는 상현과의 밀회를 위해 시어머니에게 거짓말을 하고 상현이 봉사하는 병원에 방문한다. 식물인간 환자가 입원 중인 병실 구석 침대에서 그들은 침묵 속에 사랑을 나누지만, 이들의 몸 안에 갇혀있던 욕망과 에너지는 침묵하지 못한다.

 사제에서 신을 배신하고 욕정 가득한 남자로 다시 태어난 상현에게 태주의 육신은 먹이이고 또 다른 삶을 담보하는 생명이다. 부모에게 버림받고 평생을 자신을 "주워다 키워준" 모자母子에게 학대를 받으며 살아왔던 태주에게 상현은 구원이며 부활이다. 그렇기에 이 남녀의 러브씬은 게걸스럽고 처절하다. 성적 욕망과 생존을 향한 욕망이 구현되는 순간이기에 이들은 서로의 손과 발에 입을 맞추는 것이 아닌 고깃덩어리를 구한 짐승처럼 물고 핥아댄다.

 처음으로 여자의 육체를 경험한 상현, 그리고 불능에 가까운 남편과 오랫동안 살았던 태주에게 둘의 섹스는 당황스러울 정도로 황홀하다. 이 황홀경 속에서 태주는 "왜 이렇게 좋은 거예요?"라며 상현에게 반복해 묻는다. 〈박쥐〉의 게걸스러운 섹스씬은 눈뿐만이 아닌 귀로도 느껴진다. 상현이 흡혈하는 장면들과 상현과 태주가 서로를 탐하는 장면들에서 피를 마시고 육체가 부딪히는 소리들은 비슷한 수준으로 증폭되어 들린다. 중요한 것은 이러한 과장된 사운드들이 태주와 상현의 섹스의 본질과 너무나도 잘 맞아 떨어진다는 것이다. 서로의 오르가즘으로 생명과 사랑을 수혈받는 이들의 결합은 인간에서 뱀파이어, 즉 유한한 존재에서 영속의 존재로 변환되는 인간의 육체를 절절하고 상징적으로 표현한다.

상현을 향한 욕망이 커져가던 태주는 넌덜머리 나는 강우의 집을 탈출하고자 강우에게 누명을 씌워 상현으로 하여금 그를 죽이게 만든다. 살인을 한 이후로 둘의 사랑은 지속되는 죄책감과 악몽에 매말라 버린다. 언제부턴가 이들은 입을 맞출 때도, 섹스를 할 때도 서로에 대한 갈망은 부재不在한 채, 공허한 오르가즘만 뿜어 낼 뿐이다.

사제로서, 유부녀로서 가져선 안 되는 육체와 피를 탐하고 살인을 저지른 상현과 태주는 결국 하늘의 징벌을 피하지 못한다. 상현은 욕망의 최면으로부터 깨어나지 못하는 태주에게 희망을 버리고 함께 자살하기로 한다. 해가 뜨는 순간 벼랑 끝에 선 남녀는 그렇게 불에 타 한 무더기의 재로 마감한다.

박찬욱의 섹스씬은 야하고 심오하다. 야하다고 한 이유는 앞서 언급한 대로 직설적이기 때문이다. 그는 남녀의 섹스를 에둘러 장식하려 하지 않는다. 그럼에도 불구하고 심오하다고 보여지는 이유는 박찬욱의 에로티시즘은 늘 무언가와 엉켜있기 때문이다. 때로는 유머와 비애가, 때로는 음란함과 고상함이, 그리고 죽음과 생명이 등장인물의 숨결에, 육신에 묻어난다. 박찬욱의 다음 작품, 특히 그가 그려낼 다층적이고 신비로운 섹스씬에 미리 흥분하지 않을 수 없다.

마흔두 번째 영화: <하녀>(2010)

욕망의 귀환

　　　　　　　　　　임상수 연출의 <하녀>(2010)는 김기영 감독의 1960년작 <하녀>의 리메이크 작이다. 김기영 감독이 본인의 영화 <하녀>를 <화녀>(1971), <충녀>(1972), <육식동물>(1984) 등의 작품을 통해 캐릭터와 주요 플롯을 몇 차례 리메이크한 것을 제외하고 다른 감독이 한 리메이크로는 첫 번째인 셈이다.

　임상수 버전의 <하녀>가 원작과 가장 차별화되는 지점은 남녀 주인공들의 설정이다. 김기영의 원작에서 하녀가 일하는 주인집의 남자는 피아노 선생으로, 재봉일로 실질적인 생계를 꾸리는 그의 아내보다 경제적으로 무능한 남편이었던 반면, 2010년작 <하녀>에서 남자는 재벌기업의 후계자로 설정되어 있고, 그는 자신의 아내를 포함한 모든 인물들에게 절대적인 권력자로 군림한다. 따라서 원작 <하녀>가 개봉되었

출처 네이버영화

〈하녀〉의 결말은 1960~1970년대에 한국에서 성성했던
여자귀신 영화들을 떠올리게 한다.
살아서 갚지 못한 원한을 죽어서야 사또 앞에 고하는 여자귀신의 서사가
관습적인 치정극과 고급스러운 배경으로 환생한 것이다.
그때도 지금도 억압받은 자의 한은 풀리지 않은 채
그들은 잊히지 않기 위해 귀환한다.

을 때 가장 파격적인 지점으로 주목받았던 지점, 즉 무능한 남성성의 재현과 이에 대비되는 강하고 동물적인 여성성은 50년 후에 만들어진 임상수의 리메이크에서 관습적인 설정으로 퇴행했다고도 할 수 있을 것이다.

늦은 시간까지 식당에서 일을 하고 숨 쉬기도 힘든 고시원에서 친구와 지내며 근근히 살아가는 은이(전도연)는 지인의 소개로 재벌가의 하녀로 들어가게 된다. 평소에 입지도 않던 원피스에 구두를 신어야 하는 겉치레가 영 불편하기 이를 데 없지만 은이는 으리으리한 집과 산해진미로 가득한 식탁을 오가며 일하는 것이 싫지가 않다. 출산을 앞두고 있는 주인집 여자 해라(서우)는 표독스럽게 생겼지만 그럭저럭 친절한 척 은이를 대한다. 그러나 아마도 대저택과 성찬보다 은이를 더 설레게 하는 요소는 주인집 남자 훈(이정재)이다. 아침마다 피아노를 치고 저녁에 귀가하면 와인과 클래식 음악으로 시간을 보내는 이 남자는 은이가 생각했던 '하이 클래스'의 표본이자 같은 종種이지만 만질 수 없는 신기루 같은 존재다.

은이를 데려온 장본인이자 오랫동안 집안 일을 맡아 해오고 있는 병식(윤여정)은 '아더매치'(아니꼽고, 더럽고, 매스껍고, 치사하다)라고 치를 떨며 하루를 마감하지만, 은이는 나름대로 적응을 해 나간다. 그렇게 시간이 흐르고, 해라와 훈이 딸 나미를 데리고 별장으로 주말여행을 떠난 날, 은이는 나미의 보모로 동행하게 된다. 가족의 치다꺼리로 긴 하루를 보낸 은이는 마침내 지하에 마련된 자신의 숙소에 피곤한 몸을 누인다. 잠이 드려는 찰나, 훈이 와인 한 병을 들고 은이의 침대 옆에 나타난다. 너무 놀라 벌벌 떠는 은이 앞에서 훈은 자신만만한 표정으로 와인 잔에 와인을 따라 은이 앞에 내민다. 은이는 와인을 받아 마시고 멍하니 훈을 바라본다. 은이의 전 재산보다 비싼 와인 한 모금은 일종의 '제안'인 셈이다. 성찬식의 와인이 예수의 피를 상징하듯 훈이 따라 준 와인은 훈의 전지전능한 육체를 상징한다. 그의 육체를 받아 마신 순간, 은이는 끔찍한 희생을 감내해야 한다.

훈의 바지를 내리고 은이는 남자의 성기를 덥썩 문다. 게걸스럽게 전율하는 은이의 오럴섹스 장면은 에로틱하다기 보다 동물이 먹이를 탐닉하듯 원시적이고 필연적으로 보인다. 하녀와 주인의 관계는 이 장면에서 명백히 드러난다. 양 팔을 벌리고 서서 심취해 있는 훈과 그 아래에 머리를 조아리고 있는 은이의 자세는 권력관계를 전복할 수 없는 남녀를 보여준다. 물론 당시 영화 재현의 수위와 검열을 고려했을 때 이런 종류의 장면이 원작에서는 통용될 수 없었을 것이다. 원작과 비교했을 때 임상수의 리메이크 버전은 은이와 훈을 통해 전례에 없는 파격적인 성 묘사가 시도되지만, 모두 훈의 '무소불위' 권력을 상징적으로 부각하는 장치를 벗어나지 않는다.

성역에 가까운 '육체'를 마신 죄로 은이는 희생된다. 훈과 몇 차례의 관계를 가진 은이는 아이를 갖게 되고 이를 알게 된 해라와 그의 엄마는 병식과 공모하여 강제로 낙태를 시킨다. 아이를 잃은 상처를, 그리고 한 가정에 어쩌면 계층에 의해 몰살당한 하녀와 그의 (죽은)자식은 복수를 결정한다. 검은 상복을 입고 해라의 출산을 축하하는 가족 앞에 나타난 은이는 "날 잊지 말라"는 무시무시한 말을 남기고 샹들리에에 목을 매달아 자살한다. 모두가 경악하는 순간, 은이의 몸은 불에 탄다.

하녀가 목을 매고 분신하는 영화의 결말은 1960~1970년대에 한국에서 성행했던 여자귀신 영화들을 떠올리게 한다. 살아서 갚지 못한 원한을 죽어서야 사또 앞에 고하는 여자귀신의 서사가 관습적인 치정극과 고급스러운 배경으로 환생한 것이다. 그때도 지금도, 억압받은 자의 한은 풀리지 않은 채 그들은 잊히지 않기 위해 귀환한다.[18]

---

[18] 로빈 우드 (Robin Wood), "The American Nightmare: Horror in the 70's." 《Hollywood from Vietnam to Reagan—and beyond》 (Chichester: Columbia UP, 2003)

마흔세 번째 영화 : <안티 포르노>(2017)

<안티 포르노>가 그리는 초현실주의적 페미니즘

쿄코는 꽤 잘나가는 소설가다. 잘 꾸며진 펜트하우스에서 화려한 옷을 입고 그녀만큼이나 화려하게 차려 입은 개인 비서와 함께 방문객들을 맞이한다. 그녀의 방문객들은 기자, 사진사 등의 언론계 인물들로서 하나 같이 '천재적인' 쿄코를 칭송한다. 쿄코는 이들 앞에서 그녀의 개인비서를 '개' 부리듯 부린다. 시종일관 소리를 지르고, 기어서 짖으라고 명령하거나 사진사인 레즈비언 커플과 강제로 섹스를 시키기도 한다. 비서는 이 모든 요구에 순순히 응한다.

반전은 이것이 영화 세트장이라는 것이고, 쿄코는 소설가를 연기하는 한낱 구박받는 신인 여배우일 뿐이다. 그녀의 명령에 순종하던 개인 비서(역을 맡은 배우)는 사실상 세트장을 진두 지휘하는 권력을 가진 유명 여배우이며, 그녀의 요구에 따라 감독 이하 모든 스탭들이 움직인다. 현실의 쿄코는 유명 여배우에게 '개'처럼 당하는 인물이고 스텝들 모두가 그녀를 무시한다. 영화는 쿄코의 영화 안에서의 '군림하는 작가'와 현실 세계에서의 '지배 당하는 배우'를 쉴 새 없이 넘나들며 교차하지만 어떤 삶이 진짜인지 모호하게 처리한다.

'모호하다'고 표현하는 이유는 영화의 오프닝 시퀀스 때문이다. 쿄코가 침대에서 눈을 뜨며 시퀀스가 시작되고 그녀가 침대에서 눈을 뜨는 클로즈업이 영화 전체에서 몇 차례 반복된다. 이는 쿄코가 잠에서 깬 것으로도, 혹은 그녀의 꿈이 시작되는 것으로 해석이 가능하다. 따라서 〈안티 포르노〉(소노 시온, 2017)는 하나의 온고한 내러티브를 따라가는 영화가 아닌, 쿄코라는 인물을 두 개로 나누어 배우로서의 그녀의 꿈과 실제, 작가로서의 그녀의 꿈과 실제를 초현실적으로 그리는 영화인 것이다. 그렇다면 영화가 던지는 중요한 수수께끼가 여기에 있다. 왜 〈안티 포르노〉는 한 여성을 통해 두 개의 자아, 혹은 두 개의 환상을 제시하는가.

〈안티 포르노〉는 일본 전통의 영화사인 니카츠 스튜디오에서 1970년대에 텔레비전의 보급으로 인한 영화사의 불경기를 극복하고자 고안한 성인 영화의 하위장르인, '로망 포르노 (프랑스 소설의 한 장르인 '로망 포르노그라피크'에서 착안)'의 리부트 프로젝트 중 하나이다. 이번 로망 포르노 리부트는 아젠다가 있다. 1970년대 황금기 로망 포르노의 레거시를 기리되 남성 중심이 아닌 여성 중심의, 여성을 위한 로망 포르노를 제작하는 것이다.

1970년대 황금기 로망 포르노 영화들은 대중의 인기를 받긴 했으나, 영화들이 여성을 다루는 방식에 있어서 많은 비판을 받았다. 거의 모든 작품들에서 강간이 모티프로 쓰이고, 등장하는 여성 인물은 남성의 가학적인 폭력에 대항도 혹은 최소한의 시위도 하지 않는다. 이번 리부트에서 여성을 위한 로망 포르노를 제작하겠다고 한 것은 장르의 '부정적인 전통'을 전복하려는 노력의 일환일 것이다.

그렇기에 앞서 언급한 질문으로 돌아가서 〈안티 포르노〉가 내세우는 '쿄코'라는 여성은 이번 로망 포르노 리부트가 제시하는 여성프로젝트의 아이콘, 다시 말해 과거 로망 포르노에서 '희생' 당한 수많은 여성 캐릭터에 대한 참회로도 읽어낼 수 있을 것이다. 이러한 접근에서 볼 때 쿄코는 과거에 비해 단연 진일보한 페미니스트적 캐릭터이다.

가령, 영화 속 영화의 쿄코는 침대에서 일어나 방문객들이 등장하기 전까지 자신의 펜트하우스를 누비며 자유롭게 춤을 추고 독백을 하는데, 그녀가 포효하는 내용은 주로 여성 시선에서의 관습에 대한 비판이다. 벽이 없이 오픈되어 있는 그녀의 화장실에서 왜 남자만 서서 볼일을 봐야 하는 것인지 반문하기도 하고, 작가라는 명칭 앞에 '여류'를 갖다 붙이는 것은 웃기는 일이라며 비판하기도 한다.

또한 방문객들이 그녀의 집에 찾아왔을 때, 그녀는 본인이 만든 작품에 대해 그리고 앞으로 만들 작품에 대해 다소 과격한 어조로 설파한다. 과거 로망 포르노 영화들에서 여성 캐릭터가 마땅한 직업이 없거나 부잣집 남자의 첩 혹은 AV배우 정도로 등장했던 것을 고려하면 설정이나 캐릭터적인 면에서 가히 파격적인 변화라 할 수 있을 것이다.

현실의 쿄코는 반대의 이미지다. 그녀는 현장 스탭들이나 선배 연기자에게 억압받는 인물이다. 그는 늘 감독에게 부족한 연기력으로 언어

출처 오렌지엘로하임영화사

〈안티 포르노〉는 페미니스트적 시선을 가진 여성 아티스트와 이의 대칭점에 있는 여성 혹은 전통적 여성상의 병치로 볼 수 있을 것이다. 여성이 생각하는 자유와 종속이 그녀들의 독백을 채운다.

폭력에 시달린다. 그녀에겐 어린 시절 부모님의 성관계를 목격하고 갖게 된 섹슈얼 트라우마가 있는데 그녀는 그것에 필요 이상으로 집착하고 본인의 성적 자아에 반영하려고 한다. 이는 배우로서의 범위를 넓히고자 한 그녀의 의도로 보인다. 인정받기 위해서 정서적 상처를 밑천으로 이용하는 것이다.

넓게 보면 〈안티 포르노〉는 페미니스트적 시선을 가진 여성 아티스트(작가로서, 배우로서)와 이의 대칭점에 있는 여성 혹은 전통적 여성상의 병치로 볼 수 있을 것이다. 여성이 생각하는 자유와 종속이 그녀들의 독백을 채운다. 그러나 안타깝게도 그들이 설득력 있게 들리지 않는다.

일단 영화의 가장 큰 아이러니는 (작가) 쿄코라는 여성 캐릭터의 건설에 있다. 이 영화의 혹은 이 리부트 프로젝트의 목소리를 전달하는 여성 주인공은 시종일관 자유와 평등을 외치지만, 그녀의 외침은 논리가 부재한 행위 예술에 가깝다. 그녀는 분열적인 태도로 비서를 공격하고 복종하게 만든다. 갑자기 울고 웃는 그녀의 행동에는 그 어떤 인과도 적용되지 않는다. 다시 말해, 그녀의 '철학'은 센시컬sensical; 말이 되는, 뜻이 통하는하지만, 그녀의 언행은 히스테리로 밖에 볼 수 없는 것이다.

사실 이 영화의 줄거리를 기승전결에 맞추어 설명하는 것은 잘못된 접근이다. 영화는 기승전결의 순서가 아닌 여러 개의 단상으로 공존하기 때문이다. 그럼에도 중요한 것은 작가 쿄코와 배우 쿄코의 관계다. 독립적이고 성공한 작가 쿄코는 이번 로망 포르노에서 그려내고자 하는 여성의 모습, 즉 현대적 혹은 이상적 여성을 대변하는 하나의 이미지로서, 그리고 그 마주에는 전통적인 여성, 속박당하고 억압받는 배우 쿄코가 존재한다. 그리고 이들이 각각의 시대에서 요구하는 혹은 동시대에서 그려낸 여성상을 관념적으로 재현하는 것이다.

소노 시온 감독은 전통적 형식의 극영화보다는 파격적이고 이색적인 작품들을 만들어 왔다. 그가 참여한 이번 〈안티 포르노〉도 영화가 전달하고자 하는 메시지가 서사보다는 이미지로, 인물보다는 색채에 포커스가 맞춰진 초현실적 영상에 가까운 영화다.

쿄코의 색감 터지는 펜트하우스, 천장에서 떨어지는 오색 찬란한 물감 등은 매체의 경계를 넘어 다층적인 예술을 맛본다는 느낌을 준다. 페미니즘이라는 지극히 현실적이고 필연적인 이슈를 건드리고자 한 영화의 외피가 초현실주의라는 것이 이 영화의 아이러니임에도 영화의 '도'를 넘는 예술적 시도들이 감탄을 멈추지 않게 한다.

이런 맥락에서 〈안티 포르노〉는 페미니즘 운동이 정점에 이르렀을 때 등장했던 한 페미니스트 작가의 예술 작품을 떠올리게 한다. 바로 신디 셔먼의 사진들이다. 1970~1980대 미디어가 재현하는 여성의 고정관념을 자신의 사진에서 굴곡진 시선으로 재현하여 풍자했던 포토그래퍼, 신디 셔먼의 〈Complete Untitled Film Stills〉와 같이 영화를 감상해 보기를 권하고 싶다.

마흔네 번째 영화 : <피의 연대기>(2017)

피로 연대하는
여성들의 유쾌한 투쟁

"생리는 여성의 미덕을 강화한다. 구약 잠언에서도 생리하는 여성을 '그녀는 강인함과 위엄의 갑옷을 입고 있었다'라고 표현하지 않았는가."

— 씨씨 존스 데이비스 가수, 엑티비스트.

피를 흘리는 행위는 대부분 끔찍한 것들로부터 비롯된다. 특히 영화에 나오는 피의 재현은 더더욱 그러하다. 갱스터 영화의 피 튀기는 총격전, 연쇄살인마의 창고에 널려있는 피칠갑의 시신들, 전쟁이 지나간 후 길목마다 흘러넘치는 군인들의 피 등. 그러나 <피의 연대기>는 그동안 누구도 이야기하지 않았던 (적어도 국내에서는) 전혀 다른 종류의 '피를 흘리는 행위', 즉 생리에 관한 장편 다큐멘터리이다. 러닝 타임 73분

동안 인종과 세대 그리고 계급을 초월하는 그녀들의 유쾌하고 고귀한 피 이야기가 펼쳐진다.

영화는 한 할머니(여경주, 감독 김보람의 외할머니)가 천 생리대를 만들고 있는 장면을 필두로 그녀의 딸들, 즉 감독의 어머니와 이모들이 각자의 '피의 역사'를 나누는 것으로 전개된다. 과거의 여성들은 어떻게 생리대를 만들어 썼는지, 그녀들에게 생리를 하는 행위는 어떤 의미였는지. 그들의 고백은 저 멀리 네덜란드의 젊은이들의 저녁 테이블로 이어진다. 국적이 다른 남녀가 그들의 피 흘리는 경험에 대해, 혹은 그것에 대한 환상에 대해 유쾌한 갑론을박을 교환한다.

〈피의 연대기〉에서는 많은 이야기들이 오고 간다. 한 고등학교 소녀가 생리대를 살 돈이 없어 담요 위에 앉아 일주일 동안 집 밖으로 나가지 않았다는 비극적인 이야기를 목도하고 나면 뉴욕주의 한 초등학교에서는 생리대가 공공장소에서 무상공급될 것이라는 발표가 이어진다. 영화가 생리의 행위를 사적인 영역 private sphere에서 공적인 영역 public sphere으로 확장하는 것이다. 그리고 이것은 이 영화가 추구하는 궁극적인 의도로 보인다. 즉 〈피의 연대기〉가 공유하는 여성들의 인터뷰들과 각 나라, 혹은 기관에서 진행되는 생리 관련 법안 및 정책은 '생리'라는 행위가 더 이상 화장실에 종속되어야 하는 은밀한 행위가 아닌, 사회적 자장 안에서 지지되고 관련한 권리를 존중해야 하는 아젠다임을 제시한다.

영화가 이루어내는 가장 큰 성취는 여성들이 생리에 관하여 얼마나

출처 네이버영화

〈피의 연대기〉가 공유하는 여성들의 인터뷰들과 각 나라, 혹은 기관에서 진행되는 생리 관련 법안 및 정책은 '생리'라는 행위가 더 이상 화장실에 종속되어야 하는 은밀한 행위가 아닌, 사회적 자장 안에서 지지되고 관련한 권리를 존중해야 하는 아젠다임을 제시한다.

많은 선택들로부터 배제되어 왔는지에 대한 문제의식을 드러내고 있다는 점이다. 이는 단순히 영화 속에서 소개되는 '생리컵(의료용 실리콘 소재의 물체로, 인체에 삽입해 생리혈을 받아낼 수 있는 생리대 대안 제품)'의 출현뿐만은 아니다. 영화 전반적으로 지나치게 생리컵의 '참신함'이 강조된다는 것이 영화가 드러내는 약점이기도 하나, 다른 맥락에서 이는 곧 여성의 선택권에 대한 이슈화이자 논의이기도 하다. 여성에게는 생리를 어떻게 핸들할 것인가에 대한 다양한 선택들과, 혹은 할 것인지 말 것인지 자체의 원론적 선택까지도 선행되어 있는 것이다.

영화가 전달하는 묵직한 정치, 사회적 당위성에도 불구하고 〈피의 연대기〉는 시종일관 유쾌하고 즐겁다. 영화의 각 시퀀스들을 맺고 있는 오색찬란한 애니메이션은 이 다큐멘터리의 가장 큰 영화적映畫的 성취가 아닌가 싶다. 또한 감독 포함 모든 스탭들이 여성이고 출연자들의 상당수가 김보람 감독 본인의 가족이나 측근들로 구성된다. 이들 자신에 의한 이야기인 만큼, 인터뷰에 참여하는 여성들은 각자의 피의 역사와 생식기의 대한 이야기 등 다소 민망한 화제들을 환희와 공감이 넘치는 토론의 장으로 환기한다. 앞서 언급한 데이비스의 인용문처럼, 〈피의 연대기〉에서는 세대를 걸쳐 가려져 온 옷이 강인함과 위엄의 갑옷으로 빛난다. 〈피의 연대기〉는 연대年代의 이야기이자 사회 구성원 모두의 연대連帶의 이야기이기도 하다.

| 에필로그 |

때로는 조롱과 욕망의 대상으로
때로는 혁명과 진보의 전신으로

The one glory of nudity in real life is that it brings lovers together in a sharing of self and a sense that one female body if not all that unlike another, even what Berger calls its reassuring "banality" - a loss of mystery which at that awesome moment is precisely what we seek. This sharing, this "forgiving" is what we don't get in spectacle, where the person seems isolated, no longer partnered by someone on the screen but appealing directly to the spectator.[1]

"일상에서 마주하는 '나체'의 미덕 중 하나는 그것이 서로를 공유하기 위한 연인들을 하나로 모은다는 것과 여성의 몸(남성의 몸과는 다른 - 존 버거는 여성의 누드를 진부하다고 언급했음에도 말이다)이 우리가 원하는 그 황홀한 순간에 별다른 미스터리로 과장되어 있지 않다는 것이다. 이런 공유, 혹은 '인간적임'은 감독만을 만족시키기 위해 모두가 파트너로부터 고립되어 있는 영화 속 스펙터클에서 볼 수 없는 것들이다".[2]

- 몰리 하스켈Molly Haskell, "고혹적인 누드Nude with Attitude"

---

1 몰리 하스켈은 현재도 활발히 활동하고 있는 미국의 여성 영화비평가이다. 그녀의 저서, 《숭배에서 강간까지-영화에 나타난 여성상 From Reverence to Rape: The Treatment of Women in the Movies》(1974)는 클래시컬 할리우드 영화에 드러난 여성 캐릭터를 총체적으로 분석한 최초의 (여성 시선의) 평론집이다. 위에 인용문은 하스켈의 후반 저서, Holding My Own in No Man's Land: Women and Men and Film and Feminists (New York: Oxford UP, 1997), 에서 한 부분을 발췌한 것이다. p.195
2 저자 번역. 문구와 맥락의 흐름을 위해 의역을 하였음을 밝힙니다.

가슴이 뭉글뭉글 했다. 이 모든 원고들이 처음 책의 형태로 돌아온 날 말이다. 책의 시작은 이곳 저곳에서 각기 다른 이유와 목적을 가지고 쓴 원고들을 묶자는 의도였지만 궁극적인 저변은 의미있는 영화(사)를 상기하자는 의도였다. 그리고 무엇보다 '여성의 몸·성'을 기억하고 제자리를 찾아주자는 뜻이였다. 앞에 인용문에서 하스켈이 서술하듯 여성의 (벗은) 몸은 정상적인 인간적 관계에서의 자리가 아닌, 카메라 앞의 (남성) 감독의 시선, 그리고 그의 배후에 수많은 남성적 시선을 만족시키기 위해서 도식화되었다. 지난 한 세기 넘게 스크린에서 그녀들의 몸·성은 소비되고, 풍자되고, 전시되었으며 때로는 조롱과 욕망의 대상으로, 때로는 혁명과 진보의 전신全身으로 변이를 멈추지 않았다.

따라서 이 책은 궁극적으로 여성의 몸과 성의 역사이자, 인간의, 혹은 가부장 중심의 문명patriarchal civilization이 그것들을 어떻게 이용했는지의 기록이다. 이 책에서는 조금 더 나은 역사를 위해 어떻게 해야 하는지 구체적인 해결책을 제시하지 않았다. 그래서 이 책은 필자에게 서막일 뿐이다. 2017년부터 시작된 미투운동은 '여성피해자들의 증언' 뿐만이 아닌 양성을 위한 혁명이자, 그릇된 인류 문명에 대한 묵시록이다. 이 책의 집필 다음 걸음은 묵시록 이후의 여성, 더 정확하게는 언제나 인류의 반이었던 여성을 공동주연으로 재위치하는 일이다.

이 미미한 첫 걸음을 위해 도움을 주신 분들이 많다. 책이 나온 시점에서의 인연들만 짧게 언급하자면, 비디오 금지령을 내렸던 아버지를 필두로 (덕분에 오기로 더 많이 봤다) 글 쓴답시고 노벨상 석학 수준의 짜증을 냈던 나의 행패를 다 받아주었던 영화친구 린다, 어머니 그리고 책의 탄생을 위해 도움을 주신 오동진 영화평론가, 김구철 문화일보 기자, 작고하신 Nancy Abelmann 일리노이 대학교 교수와 안진수 버클리 대학교 교수를 포함한 필자의 훌륭한 스승들, 필자가 하는 모든 영화행사에서 그루피를 마다 하지 않았던 예술과 친해지기 동료들 Teri Lee, Yanbi Choi, Jinhyuk Lee, 책에 수록된 논문에 신랄하고 귀중한 비판을 아끼지 않은 김청강 선배이자 언니 한양대학교 연극영화과 교수, 필자의 기괴한 영화취향과 (도리스 위시먼의) 섹스플로이테이션에 대한 예찬을 공유하는 유쾌한 친구 Robert L. Cagle, 멋진 롤모델이자 현시대의 중요한 여전사들, 변영주 감독과 인디애나 대학교의 김승경 교수, 영화과 학생들, 그리고 무엇보다 신진학자이자 신진영화평론가인 필자에게 소중한 기회를 주신 카모마일북스의 정윤희 대표에게 무한한 감사를 드린다.

마지막으로 하나님께 늘 부족한 회개와 영광을 올리며.

2019년 11월 혁명의 열기가 들끓는 서울에서
저자 김효정(a.k.a. Molly) 올림.

| 참고문헌 |

[국문]

곽한주, 〈포스트IMF기 한국영화에 나타난 우울의 양상〉, 한국영화학회, 63호, 2015.

박유희, 〈박정희 정권기 영화 검열과 감성 재현의 역학〉, 역사비평, 99권, 2012

배수경, 〈한국 영화검열제도의 변천에 관한 연구: 정권 별 특징과 심의기구의 변화를 중심으로〉, 중앙대학교 석사논문, 2005

백문임,《월하의 여곡성: 여귀(厲鬼)로 읽는 한국 공포 영화사》, 책세상, 2008

안재석, 〈청년영화 운동으로서의 '영상시대'에 대한 연구〉, 중앙대학교 석사논문. 2001.

유지나 등저,《한국영화, 섹슈얼리티를 만나다》, 생각의 나무, 2004.

이길성, 이호걸, 이우석,《1970년대 서울의 극장산업 및 극장문화 연구》, KOFIC, 2004

안재석, 〈청년영화 운동으로서의 '영상시대'에 대한 연구〉, 중앙대학교 석사논문. 2001.

하길종,《백마 타고 온 또또》, 예조각, 1979년.

[영문]

Cather, Kirstin.《The Art of Censorship in Postwar Japan》, University of Hawai'i Press, 2012.

Doherty, Thomas.《Hollywood's Censor: Joseph I. Breen and the Production Code Administration》, New York: Columbia University Press, 2007.

Grieveson, Lee.《Policing Cinema: Movies and Censorship in Early-Twentieth-Century America》, Berkeley: University of California Press, 2004.

Haskell, Molly.《Holding My Own in No Man's Land: Women and Men and Film and Feminists》, New York: Oxford UP, 1997.

Jacobs, Lea.《The Wages of Sin: Censorship and the Fallen Woman Film, 1928-1942.》, Madison: The University of Wisconsin Press, 1991.

Kim, Molly. 〈*Whoring the Mermaid: The Study of South Korean Hostess Film*(1974-1982)〉, Doctoral Diss. University of Illinois, Urbana-Champaign, 2013.

"GENRE CONVENTIONS OF SOUTH KOREAN HOSTESS FILMS (1974 – 1982) : PROSTITUTES AND THE DISCOURSE OF FEMALE SACRIFICE", *Acta Koreana*, VOLUME 17, NUMBER 1 (2014.06).

Kuhn, Annett. 《*Cinema, Censorship and Sexuality, 1909-1925*》, Cinema and Society New York: Rudtledge, 1988.

Lee, Yun-Jong. 《*Cinema of Retreat : Examining South Korean Erotic Films of the 1980s.*》, University of California, Irvine. Doctoral Diss. 2012.

Neale, Steve. "The Monster as Woman: Two Generations of Cat People," 《*The Dread of Difference Ed. Berry Keith Grant*》, Austin: U of Texas P, 1996.

Wood, Robin. "The American Nightmare: Horror in the 70's." 《*Hollywood from Vietnam to Reagan-and Beyond*》, Chichester: Columbia UP, 2003.

찾아보기

1-100
68혁명 41, 201, 215, 216

ㄱ
군사정권기 영화 검열 11, 87, 106
김수용 9, 41, 43, 93
김호선 84, 85, 96, 107, 108

ㄹ
로만 폴란스키 78, 80
로망 포르노 8, 132, 227, 228, 230
로이스 웨버 6, 20, 24
리얼리즘 9, 123, 127, 186

ㅁ
마가렛 생어 19, 20, 22, 24
무성영화 9, 17, 25, 94, 101

ㅅ
스웨디쉬 뉴웨이브 182
신디 셔먼 231

ㅇ
아이버 노벨로 27, 28
알프레드 히치콕 9, 25, 26, 27, 28, 29, 41, 47, 48, 49, 50
영상시대 96, 97
이장호 85, 96, 124, 125

ㅈ
자진검열 시스템 (self-censorship) 6, 7, 8, 47, 54, 71, 196

ㅍ
포르노 산업 196, 198, 199
필름 느와르(느와르) 80, 134, 137

ㅎ
하길종 65, 72, 74, 75, 76, 85, 96, 123
하워드 휴즈 35, 36, 38, 39
헐리우드 제작코드 6, 7, 38, 65, 196
헤디 라마 30, 32, 33, 34
호스티스 영화 10, 84, 85, 86, 87, 89, 90, 102, 107, 108, 109, 110, 111, 123, 125, 127, 129, 130, 131, 133

| 책에 나오는 영화리스트 |

 야한영화의 정치학 (역사, 인문학, 문화) 영화 리스트
100년 전통의 일본 영화사 니카츠 스튜디오의 도전, '로망 포르노'

〈가시를 삼킨 장미〉 (정진우, 1979)
〈내 아이들은 어디 있는가〉 (로이스 웨버, 1916)
〈레이디 맥베스〉 (윌리엄 올드로이드, 2016)
〈로프〉 (알프레드 히치콕, 1948)
〈매혹 당한 사람들〉 (돈 시겔, 1971)
〈아름다운 청춘〉 (보 비더버그, 1995)
〈안티 포르노〉 (소노 시온, 2016)
〈애마 부인〉 (정인엽, 1982)
〈프렌지〉 (알프레드 히치콕, 1972)
〈화분〉 (하길종, 1960)

 문화일보 에로틱 시네마 리스트

〈감각의 제국〉 (오시마 나기사, 1976)
〈광란의 사랑〉 (데이빗 린치, 1991)
〈나인 하프 위크〉 (에이드리언 라인, 1986)
〈눈먼 짐승〉 (야스조 마스무로, 1969)
〈더티 댄싱〉 (에밀 아돌리노, 1987)
〈드라큘라〉 (프랜시스 포드 코폴라, 1993)
〈라스베가스를 떠나며〉 (마이크 피기스, 1995)
〈묘녀〉 (홍파, 1974)
〈박싱 헬레나〉 (제니퍼 린치, 1993)
〈부기 나이트〉 (폴 토마스 앤더슨, 1999)

〈북회귀선〉(필립 카우프먼, 1995)
〈산불〉(김수용, 1977)
〈색, 계〉(리 안, 2007)
〈생활의 발견〉(홍상수, 2003)
〈싸이코〉(알프레드 히치콕, 1960)
〈아이즈 와이드 셧〉(스탠리 큐브릭, 1999)
〈어둠의 자식들〉(이장호, 1981)
〈연인〉(장 자끄 아노, 1992)
〈졸업〉(마이크 니콜스, 1967)
〈종이달〉(요시다 다이히치, 2015)
〈차이나타운〉(로만 폴란스키, 1974)
〈티켓〉(임권택, 1986)
〈포스트맨은 벨을 두 번 울린다〉(밥 라펠슨, 1981)
〈피아노〉(제인 캠피온, 1993)
〈하녀〉(임상수, 2010)
〈해피엔드〉(정지우, 1999)

문학과영상
〈수절〉(하길종, 1973)

한국영상자료원
〈피의 연대기〉(김보람, 2017)

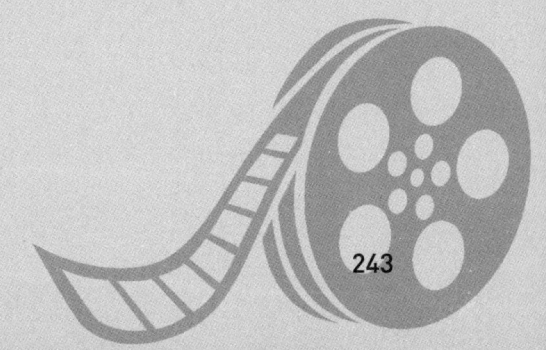

저자 소개

인디애나대학교에서 커뮤니케이션/영화 (Communication and Culture/Film Studies) 학사, 뉴욕대학교에서 영화학 (Cinema Studies) 석사, 일리노이대학교에서 커뮤니케이션/영화 (Communication/Film) 박사를 취득했으며 현재 한양대학교 미래융합인문학부 겸임교수, 수원대학교 영화영상학부 객원교수로 재직 중이다. 주요 영화 논문으로는 〈The Idealization of Prostitutes: Aesthetics and Discourse of South Korean Hostess Films〉, 〈공포와 에로티시즘의 만남: 1970년대 군사정권기 영화통제 정책과 에로틱 공포영화〉, 〈Women-made Horror: South Korean Female Directors (forthcoming)〉 등이 있다. 칼럼으로는 〈문화일보〉에서 '에로틱 시네마'를, 〈오마이뉴스〉에서 '야한영화의 정치학'을 연재했다.

야한 영화의 정치학
1910년대부터 2010년대까지
The Politics of Erotic Cinema: History of Film, Sex and Women

1판 1쇄 인쇄 | 2019년 12월 16일
1판 1쇄 발행 | 2019년 12월 16일

지은이 | 김효정
발행인 | 정윤희
편집·홍보 | 윤재연
본문디자인 | 김미영
표지디자인 | 김미영
발 행 처 | 카모마일북스
    (카모마일북스는 책문화네트워크(주)의 단행본 브랜드입니다.)
출판등록 | 제2016-000373호
주소 | 서울시 강남구 남부순환로 2645 한독빌딩 406호
전화 | 02-313-3063
팩스 | 02-3443-3064
이메일 | prnkorea1@naver.com
블로그 | blog.naver.com/prnkorea1

ISBN 978-89-98204-70-9 93680
값 22,000원

● 이 책은 저작권법에 보호받는 저작물이므로 무단 복제를 금합니다.

    이 도서의 국립중앙도서관 출판예정도서목록(CIP)은 서지정보유통지원시스템 홈페이지(http://seoji.nl.go.kr)와 국가자료종합목록 구축시스템(http://kolis-net.nl.go.kr)에서 이용하실 수 있습니다. (CIP제어번호: CIP2019048393)